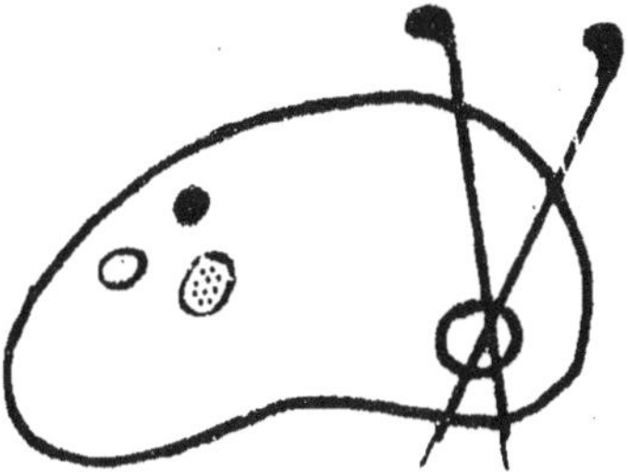

Couvertures supérieure et inférieure
en couleur

Par. Saint-Péravi. 15 (Voy. Barbier)

ESSAI

SUR LES PRINCIPES A ADOPTER

PAR

LES ETATS-GENERAUX,

Et sur leurs premières opérations, qui n'en seront que des conséquences.

Examen discuté de l'impôt unique territorial, stipulé pour une somme fixe, & du même impôt fixé par un taux proportionnel.

Reddite quæ sunt Cæsaris, Cæsari, & quæ sunt Dei, Deo.
Math. ch. 22.

1789.

AVANT-PROPOS.

LE voilà donc enfin arrivé ce moment heureux, où la sagesse & la bienfaisance du Roi vont rétablir la Nation dans ses droits primitifs. Secondé par un Ministre dont l'ame élevée dédaigne les petites vues despotiques de ses prédécesseurs, il a triomphé des obstacles, & évité les piéges qui devoient faire évanouir les projets de sa bonne volonté. La France va voir reparoître ces Assemblées augustes, qui ne prétendoient point distinguer les droits pour assigner seulement des bornes entre les deux puissances; elles s'empressoient, au contraire, de les réunir, & même de les confondre pour concourir avec plus de force au bien général.

Lorsqu'on considère avec attention nos annales, on voit avec regret que le zèle & la loyauté qui animoient ces Assemblées antiques, & qui leur méritoient la vénération publique, se sont affoiblis successivement.

L'introduction funeste du régime féodal, ce monstre enfanté par la cupidité, l'ignorance & la barbarie, est l'époque douloureuse de nos troubles & de nos malheurs. L'orgueil commença alors à tracer une ligne de démarcation entre les citoyens; il réussit bientôt, contre tous les principes de la raison & de l'équité, à attribuer des distinctions aux usurpateurs du domaine public, & à avilir tous ceux qui ne s'étoient pas rendus coupables du même délit. L'intérêt particulier commença à s'élever contre l'intérêt commun; il s'est fortifié succeſſivement par tous les moyens que la force & l'intrigue ont pu lui fournir.

L'autorité ſouveraine s'eſt vue affoiblie elle-même par l'audace des nouveaux Grands. Jalouſe & impatiente de recouvrer ſes droits, le ſuccès de ſes manœuvres l'a excitée à ſe porter au-delà de ſes limites. Ces atteintes, portées ſucceſſivement à l'harmonie ſociale, ne pouvoient manquer de la détruire. A meſure que les intérêts contradictoires ſe ſont développés, le patriotiſme s'eſt affoibli : il a fini par s'éteindre entièrement. Depuis cette révolution, chaque Aſſemblée générale a offert l'empreinte de ſes effets déprédateurs. La Nation ſemble s'être concentrée entre les ſeuls ſpoliateurs de la richeſſe publique. L'intérêt commun fut confié à ceux qui n'aſpiroient qu'à le trahir ; l'ambition & la ruſe furent les reſſorts qui firent mouvoir, ou plutôt qui agitèrent ces Aſſemblées tumultueuſes. Il n'y eut d'union que contre la juſtice & la raiſon. L'ignorance des premiers principes de l'ordre ſocial les rendit incapables d'opérer aucun bien ; le reſte des citoyens n'y fut conſidéré que comme des êtres condamnés à prodiguer leur ſang pour leurs querelles, & leur ſueur pour les jouiſſances de leur faſte.

Lorſqu'on a commencé à s'appercevoir que ceux qu'on avoit tant dédaignés étoient réellement des membres de la ſociété, on voulut bien ſe prêter à les admettre à ſoutenir leurs intérêts ; mais en les introduiſant dans les Aſſemblées nationales, on prit des meſures pour les empêcher d'y recouvrer leurs droits. L'idée des trois Ordres étoit ſi abſurde, qu'avec un peu de lumières on auroit dû rougir en oſant ſeulement l'expoſer ; mais cette institution assuroit le succès des prétentions les plus outrées : on s'empressa de l'adopter.

Il est vrai que le Tiers-Etat ne semble pas avoir réclamé contre une disposition aussi révoltante, qui se réduisoit à déterminer que quatre-vingt-dix-neuf ne devoient être comptés que pour un, & qu'un le devoit être pour deux ; car ce résultat est l'analyse du rapport qui existe entre le Tiers-Etat & les deux autres Ordres réunis. On peut attribuer son indifférence au peu d'intérêt qu'il pouvoit avoir aux délibérations de ces Assemblées dans des temps où la masse des impositions étoit très-peu considérable, & par conséquent lorsque la portion qu'il en supportoit lui étoit très-peu onéreuse.

L'obligation subie par les possesseurs de fiefs, tant ecclésiastiques que laïques, de faire gratuitement le service militaire, les autorisoit à s'affranchir de toute imposition pécuniaire : leur devoir fondoit leur droit ; c'étoit à titre de justice, mais non de prééminence. Que d'aveuglement dans la morgue de ces magnats ! Tandis qu'ils s'applaudissoient des faux dehors de leur triomphe, le Tiers-Etat ne supportoit qu'en apparence la charge qu'il s'imaginoient lui avoir imposée ; il leur faisoit restituer, soit en déduction sur le prix des baux, soit en accroissement de salaires, tout ce qu'ils le contraignoient de payer au fisc, mais qu'il ne faisoit qu'avancer seulement pour leur propre compte.

C'est en tenant avec opiniâtreté à une opinion dont ils ont été de plus en plus les dupes & les victimes, que ces deux Ordres ont forcé d'employer toutes les astuces du régime fiscal. Indifférens sur les sommes considérables qu'il savoit leur dérober à leur insçu, ils se seroient cru avilis s'ils en avoient versé directement eux-mêmes une plus foible partie dans le trésor public. Tel est le principe du désordre de l'administration, de la déprédation des finances, & de l'épuisement du Royaume.

Avec des vues aussi bornées, comment de pareilles Assemblées auroient-elles pu former une constitution sage ? Elles ne pouvoient même en être les appuis ; aussi ne servirent-elles qu'à altérer celle qui s'étoit soutenue : elles l'ont même presque entièrement anéantie. Etant devenues orageuses & inutiles, elles furent supprimées au moment de la naissance du despotisme ministériel.

Pendant la durée de près de deux siècles que ce fléau, le plus redoutable des sociétés, a exercé ses ravages, le désordre, la confusion, le gaspillage, l'anéantissement de tous les droits, ont été portés jusqu'aux derniers excès. On ne peut, sans émotion & sans déchirement, sonder les plaies profondes & multipliées qui ont été faites à l'Etat ; il n'est aucune de ses parties qui n'offre l'empreinte de l'infidélité & du brigandage : toutes les sources de ses richesses sont affoiblies ; un grand nombre est totalement épuisé.

Une légère esquisse de notre situation suffit pour connoître l'extrémité où nous sommes réduits ; la masse des impôts enlève plus de la moitié du revenu de toutes les propriétés, & il ne reste pas le tiers des sommes perçues pour les dépenses publiques ; la force militaire armée plutôt pour opprimer la Nation que pour la défendre, en absorbe la plus grande partie. On en distrait à peine un cinquantième pour les ſervices réels de la protection intérieure ; ils ſont cependant les ſeuls qu'on ſoit obligé de payer : tout le reſte eſt enlevé par les anciennes diſſipations, ou ſe trouve prodigué aux nouvelles.

Par un abus révoltant du crédit public, l'intérêt des emprunts ravit aujourd'hui plus de la moitié des ſommes qui entrent dans le tréſor royal. Cette création de revenu factice a formé en même-temps une claſſe extraordinaire de citoyens que leur intérêt particulier rend néceſſairement les ennemis naturels de l'intérêt général : c'eſt pour elle que la Nation eſt grevée de la première & de la plus onéreuſe contribution.

Le produit de la ſeconde eſt employé à enchaîner & à corrompre ce qu'on appelle la haute Nobleſſe ; mot vide de ſens aux yeux de la raiſon, mais plein d'énergie pour la morgue & pour le préjugé. Des penſions, des gouvernemens, des places domeſtiques à la Cour, par ces trois canaux qui ont été ouverts par une fauſſe politique, on puiſe ſans meſure dans le tréſor de l'Etat. La cupidité, toujours inſatiable, trouvoit les graces trop bornées ; on y a ajouté la ceſſion d'une grande partie des domaines de la Couronne ; on a encore accru réellement leurs propriétés, par la jouiſſance excluſive de tous les bénéfices conſiſtoriaux ; enfin l'on a comblé la meſure de ces faveurs en affranchiſſant leur revenu de la redevance commune, dont il a fallu aggraver le poids ſur le reſte de la Nation.

On voit en troiſième ligne les Miniſtres de la juſtice avec tous leurs ſuppôts. Ce n'eſt pas, à la vérité, ſur le produit des contributions que leurs prétentions ſont fondées, ils en levent eux-mêmes une particulière, qui, pour n'être pas calculée dans les charges ordinaires, n'en eſt pas moins accablante.

Enfin, qui peut apprécier ce qu'il en coûte pour ſalarier tous les agens de la finance ? L'excès de cette dépenſe ſe découvre par les fortunes rapides qu'elle procure, & encore plus par le faſte qu'elle les met en état d'entretenir.

Ces quatre traits principaux ſuffiſent pour juger du dégré de notre épuiſement. Ils en indiquent les cauſes ; mais ils découvrent en même-temps les obſtacles qu'il faudra ſurmonter.

On touchoit à l'inſtant d'une criſe auſſi violente que dangereuſe ; le ſeul moyen de la prévenir étoit le rétabliſſement des Aſſemblées nationales. Ce parti qu'on a ſu prendre, doit faire l'époque la plus intéreſſante de notre Monarchie ; l'Europe fixe ſes regards ſur la France : elle attend les effets de cette révolution éclatante, pour profiter de notre ſageſſe ou de nos fautes.

Heureuſement ce Sénat auguſte va ſe renouveller ſous des auſpices bien différens des anciens. De plus grands intérêts, des maux plus preſſans, fourniront avec zèle des motifs bien plus intéreſſans, & le progrès des lumières ſur le grand art de l'adminiſtration, eſt le préſage des ſuccès. Le ſalut du Peuple y ſera la loi ſuprême & le cri du ralliement. Si les anciennes prétentions oſent ſe reproduire, il ne faudra, pour les diſſiper, que ſoulever le voile qui a couvert leur injuſtice ou leur abſurdité. On fixera la différence qui doit exiſter entre les privilèges & les droits, entre les graces & les récompenſes méritées, entre les traitemens de la faveur & les conventions justes ; entre les dissipations & les dépenses nécessaires. Tous les objets seront approfondis ; chacun d'eux sera présenté sous son vrai point de vue ; l'utilité générale sera le point unique & central où tout sera rapporté ; tous les anciens fantômes doivent disparoître pour ne plus laisser appercevoir que l'amour de la patrie, les prérogatives du Trône, & les droits de la propriété.

Afin de ne pas se méprendre sur les rapports compliqués que les différentes branches de l'administration doivent avoir avec ses points capitaux, on peut les réduire aux besoins de la protection, aux dépenses qu'ils exigent, & aux moyens de les fournir ; il faut savoir concilier ces objets sous les formes les plus favorables, & suivant les mesures les plus exactes.

La contribution commune qui doit composer le revenu public, exige beaucoup d'examen & de réflexions. Parmi la foule d'écrits qui dogmatisent chacun à leur manière sur la réforme des abus, il n'en est aucun qui approfondisse cette matière intéressante ; leur réticence autorise à préjuger qu'ils la considèrent comme une chose arbitraire qui ne dépend que des opinions, & qu'on peut modifier à son gré.

Cette prévention dangereuse est le principe de toutes les méprises dans l'administration des finances ; il est donc indispensable d'en connoître l'illusion & les dangers avant de se livrer au travail qu'exigera la nouvelle formation du revenu public. Ces connoissances préalables peuvent seules assurer le succès de cette opération, & lui donner de la consistance.

Tout le monde se plaint des taxes indirectes; mais on a plus en vue les entraves qu'elles mettent, & les frais que coûte leur perception, que leurs reflets déprédateurs: ce second dommage est cependant bien plus considérable que le premier.

Il est encore bien peu de personnes qui reconnoissent que ces taxes finissent par être payées aux dépens du revenu des propriétés foncières, & par conséquent qui soient disposées à consentir que le revenu de l'État ne soit fourni que par un impôt unique & territorial. Cette seconde vérité est une conséquence immédiate de la première : tout le monde devroit en être pénétré; mais pour les Membres des Etats-Généraux, c'est un devoir pour eux de les méditer & de s'en convaincre. Lorsqu'ils seront parvenus à ce degré de connoissances, ils s'appercevront sans doute qu'il leur manque encore celle de la mesure du revenu public. Avant d'avoir percé les nuages qui semblent la dérober à tous les regards, il paroît impossible d'assurer le droit de la propriété par des principes incontestables, de les mettre à l'abri des atteintes de la cupidité tant que la raison & l'évidence ne mettront pas en état de s'en garantir.

Cette recherche, qui peut seule poser la vraie base de la sûreté, exige, il est vrai, des combinaisons un peu abstraites; on ne dissimule point qu'il est différens motifs qui peuvent partager les sentimens. Avant de se décider entr'eux, il est sage de les discuter. Pour le faire avec fruit, il faut les réduire aux deux points qui les partagent.

Le revenu général ne doit-il à la protection que ce qui est jugé indispensable pour sa dépense, ou bien doit-il à cette dépense tout ce qu'il est en état de lui fournir ? c'est-à-dire, le revenu public doit-il être proportionné à la dépense publique, ou à la richesse du territoire ? c'est-à-dire encore, sont-ce les besoins présumés de l'Administration qui doivent fixer la mesure de la subvention territoriale, ou cette subvention n'a-t-elle pas essentiellement des bornes qui doivent déterminer la mesure des frais de l'Administration ?

Il vient de paroître un ouvrage *sur les fonctions des Etats-Généraux*. L'Auteur se déclare avec confiance pour le premier point de cette alternative, & il s'élève avec force contre le second. La célébrité dont il jouit à juste titre doit prévenir en faveur de son opinion ; elle suffiroit peut-être pour la faire adopter, si l'objet étoit moins important ; mais il s'agit ici du principal ressort de l'organisation sociale. Son zèle pour le bien, & son honnêteté, applaudiront sûrement à l'examen des motifs sur lesquels il fonde son jugement.

« Les Citoyens, dit-il, ne peuvent devoir à » l'Etat une portion déterminée de leur bien, » mais seulement ce qui est rigoureusement né» cessaire pour le maintien de la sûreté, de la » tranquillité & de la prospérité publique : c'est » donc une somme fixe qu'il faut toujours lever.

» Lorsque la somme est déterminée, une pro» priété ne peut payer moins sans forcer une autre » à payer plus ; ainsi chaque individu, chaque » district, chaque province a un intérêt direct & » réel à ce que les autres ne payent pas au-dessous » de ce qu'ils doivent : on a droit de demander » des vérifications....

» Avec un impôt proportionnel, au lieu d'éta» blir entre les particuliers des discussions con-

» tradictoires, dont l'effet feroit uniquement de
» rendre la répartition plus juste, c'est entre le
» Gouvernement & la Nation qu'on établiroit
» une discussion dont il ne pourroit résulter que
» du désordre, de l'incertitude, de l'arbitraire.

» Quel motif d'intérêt ou d'honneur auroient
» les Membres des Assemblées, pour porter une
» imposition de ce genre à sa juste valeur? Adop-
» teront-ils un taux inférieur.... un quinzième,
» par exemple, au lieu d'un dixième.... Ceux
» qui ignoreront cette réduction de taux seront
» trompés; on leur ôte le moyen de savoir s'ils
» ont réellement à se plaindre.

» Diminuera-t-on au hasard les évaluations?
» ce seroit introduire dans l'impôt une inégalité
» arbitraire. Quels moyens le Gouvernement au-
» roit-il de rendre un tel impôt plus productif?
» ce seroit celui de corrompre les Membres des
» Assemblées.....

» Quand l'impôt est une taxe proportionnelle,
» chacun sait qu'on ne peut rien lui demander
» au-delà de son taux..... Si l'on veut exiger
» davantage, il lui suffira de prouver qu'on a exa-
» géré la valeur de son revenu.... Mais si l'impôt
» est mal réparti, le propriétaire, en ne payant
» que le taux proportionnel, un dixième, par
» exemple, pourra payer trop s'il ne devoit donner
» qu'un quinzième pour fournir son contingent de
» l'impôt payé par tous.....

» Dans le cas d'une subvention territoriale,
» connoissant la somme à laquelle son bien est
» évalué, & celle qu'on lui demande, il connoît
» non-seulement le même rapport, mais encore
» il peut se plaindre si ce rapport n'est pas le

» même pour lui que pour un autre. S'il obtient » justice, il verra diminuer son imposition ; ce » qui ne peut arriver dans l'autre forme, à moins » qu'on n'ait excédé pour lui le rapport général » fixé entre le revenu & l'impôt.

» Dans l'impôt proportionnel, les Citoyens » qu'on surchargeroit les premiers ne peuvent » porter que des réclamations séparées ; dans l'impôt » fixe, leur réclamation devient nécessairement » une réclamation commune & publique, que le » district, la province ne peuvent s'empêcher d'é- » couter & de soutenir, &c. ».

On ne dissimule point que ces raisons paroissent peu pondérantes ; on pourroit même dire qu'elles ne sont que superficielles. Pour s'en prévaloir, il faut avoir négligé de découvrir les principaux élémens qui devoient fonder le jugement qu'on a porté.

Avant de balancer les avantages de la répartition de l'impôt fixe avec les inconvéniens de l'impôt proportionnel, il semble qu'il faut commencer par observer si dans le produit net total du territoire, il est un terme que l'impôt ne doit pas passer ; ensuite s'assurer si ce que les Citoyens doivent à l'Etat doit toujours être en deçà de ce terme.

Sans ces connoissances préalables, on met les propriétaires dans la plus accablante perplexité ; on détruit tous leurs droits, si on ne leur montre pas la mesure qui les détermine, & la barrière qui les défend. D'un autre côté, on se trouve privé de tous les moyens qui doivent entretenir un accord constant entre le chef & les membres de la société. Ce ne seront que des opinions vagues & arbitraires qui fonderont leurs prétentions réciproques. Tandis que les propriétaires se plaindront de l'excès de leurs sacrifices, le Roi se plaindra de l'insuffisance des secours accordés à la protection. En refusant de donner davantage, les premiers n'auront en leur faveur aucunes raisons victorieuses; le Souverain n'aura pas de motifs plus puissans pour convaincre de la légitimité de ses plaintes. Dans cet état d'obscurité, les deux parties ne pourront montrer leur fermeté que sous les dehors de l'oppression & de l'indépendance; l'un ne pourra céder qu'en se reprochant d'énerver la puissance tutélaire; l'autre qu'en se plaignant de l'usurpation de ses droits: qu'on est loin alors de l'harmonie, de la paix & de la sécurité, qui peuvent seules constituer le bonheur d'une Nation.

Supposons pour un instant que l'on admettra unanimement le principe de l'impôt unique territorial; tous les propriétaires doivent être effrayés si l'on annonce que l'on veut suivre l'auteur qui se présente pour servir de guide. Il demande une prompte suppression de toutes les taxes indirectes, pour en réunir la charge sur les propriétés foncières. Mais la moitié, ou au moins le tiers de leur produit net, suffiroit à peine pour subvenir aux besoins actuels, quelqu'étroites que fussent les bornes dans lesquelles on parviendroit à les resserrer. L'apperçu seul de ce résultat intimideroit les Membres des Etats-Généraux; comme ils seroient sans boussole, la crainte de s'égarer les empêcheroit avec raison d'avancer.

Dira-t-on qu'on ne doit pas se laisser intimider par les premiers efforts qu'il faudra faire; que l'excès de la charge qu'on aura à supporter sera ôté aussi-tôt que l'Etat sera libéré de sa dette, &

qu'alors les propriétés ne payeront plus ce qu'elles doivent pour le maintien *de la sûreté, de la tranquillité & de la prospérité publique?* Cette perspective sera peu satisfaisante; on ne trouvera aucune sûreté pour l'effet des promesses; leur éloignement rendra insensible à leur attente.

Quel que soit le pouvoir de la Nation réunie, il ne peut être qu'un foible garant de la suppression totale du fardeau extraordinaire dont on oseroit flatter les propriétaires. Des prétextes séduisans, des raisons même qu'on n'aura pas prévues, peuvent s'opposer au soulagement annoncé si long-temps auparavant; ne pourra-t-on pas être forcé de convenir qu'on s'étoit prêté aux circonstances, & qu'on avoit accordé trop peu aux besoins de la protection; que la prospérité de l'Etat exige qu'on en augmente la dépense? N'ayant pas de règle plus sûre pour les secondes concessions qu'on en avoit eu pour les premières, tout autorise à présumer qu'on les feroit sans beaucoup de résistance. La longue habitude de gémir sous un fardeau accablant, feroit alors regarder comme un bonheur la suppression de quelqu'une de ses parties.

Cet allégement améliorera sans doute l'Etat des propriétaires; mais le droit de la propriété restera aussi incertain, parce que son étendue ne sera pas déterminée par ses vrais titres: il sera donc toujours un sujet de contestation entre le Roi & la Nation.

Tout ce que l'impôt enlevera du revenu territorial au-delà de ce qui lui appartient, sera une cause très-active de dégradation de la culture, & par conséquent un obstacle à sa restauration. Quel eſt le propriétaire qui ſera aſſez aveugle pour faire des avances, dont il ſera sûr de ne pas trouver l'intérêt dans la foible portion du produit net qui lui eſt réſervée ? Un grand nombre laiſſera dégrader ſucceſſivement les propriétés formées ſur des terres de médiocre qualité ; on ſe gardera bien de rétablir celles qui éprouveroient des accidens extraordinaires, & dont les dépenſes ſeront ſupérieures aux dédommagemens qu'on peut obtenir.

Combien faudra-t-il ſouffrir de perte ſur la valeur foncière des propriétés ? Tant que durera la ſurcharge dont elles ſeront grevées, le prix des terres ſe combinera ſur la portion libre de leur revenu : il ſera donc diminué dans la même raiſon qu'on aura eu l'indiſcrétion de le reſtreindre.

A ces conſidérations ſur les dommages de ce projet, on doit ajouter les difficultés de ſon exécution. Par quels moyens pourroit-on commencer à diſtribuer, avec quelqu'apparence même de juſtice entre les différentes provinces, un impôt dont la ſomme ſeroit déterminée ſans proportion avec leur revenu ? Ce premier partage ne pourroit ſe faire que ſur des préſomptions très-incertaines ; l'abus du crédit, l'adminiſtration obſcure des provinces en pays d'Etats, & les privilèges du Clergé, couvrent des ténèbres les plus épaiſſes l'état relatif des richeſſes dont jouiſſent les différentes Généralités. Il y auroit donc de très-grandes inégalités dans cette première répartition.

Ce chaos coûteroit d'abord beaucoup de temps à débrouiller ; & en attendant ce travail, les uns ſouffriroient une grande léſion, tandis que les autres jouiroient de beaucoup de ménagemens. On a peine à croire que les diſcuſſions contradictoires

entre

entre les particuliers produisissent tout le bien qu'on ose s'en promettre. Cette attente seroit tout au plus remplie dans l'enceinte d'une même paroisse; mais les réclamations respectives des différentes paroisses ne pourront être excitées que par les inégalités un peu considérables. Il en seroit de même pour les plaintes entre les différens districts; le recours entre les provinces seroit encore plus lent, & susceptible de plus de difficultés.

Il est vrai qu'avec l'impôt fixe, la généralité des habitans d'une même paroisse fait cause commune; mais s'ils sont intéressés à se traiter avec égalité, ils le sont de même à se concerter pour déguiser la disproportion avantageuse de leur charge avec celle des autres paroisses; ils ne doivent pas craindre d'être trahis par les intérêts particuliers, qui ne peuvent se séparer de l'intérêt commun.

Quelques perçans que soient les regards des paroisses limitrophes, ils auront bien de la peine à pénétrer les nuages dont on se sera couvert, & il leur sera bien difficile de constater les grandes différences qui peuvent seules exciter leurs réclamations, parce qu'elles seules peuvent leur procurer un soulagement sensible, si, par un prodige qu'on ne peut croire, on étoit parvenu à établir cette égalité exacte. Les changemens continuels que l'indolence ou l'activité, la misère ou la richesse des cultivateurs produisent sans cesse, dérangeroient bientôt un équilibre qui auroit coûté un travail prodigieux. Il faudroit donc recommencer chaque année, ou ménager ces inégalités que l'impôt fixe doit plutôt favoriser & multiplier, que les faire disparoître.

Si l'égalisation entre les paroisses d'un même

district éprouve tant de difficultés, celle qu'il faudra établir entre les districts d'une même province en souffrira de bien plus considérables : on peut préjuger qu'elles seront insurmontables pour la réduction des différentes provinces au même niveau. Etrangères entr'elles, intéressées à se tromper réciproquement, quel est le génie qui pourra dévoiler toutes les manœuvres, dissiper tous les complots, que chacune aura variés pour se soustraire aux réclamations qu'elles ont à redouter ? Au lieu de les unir entr'elles par les liens du patriotisme, & par la conviction de l'accord de leur intérêt particulier avec l'intérêt général, cette méthode seroit une pomme de discorde qui entretiendroit entr'elles, ainsi qu'entre le corps de la Nation & le Souverain, des contestations interminables.

D'ailleurs, on ne pourra opérer qu'en employant des calculs très-compliqués & très-abstraits ; le plan qu'on en a tracé dans cet ouvrage en prouve la nécessité : c'est un motif de plus pour le faire rejetter.

C'est donc en vain qu'on se flatteroit de trouver, dans la subvention proposée, les avantages & la justice qu'on ose s'en promettre ; on doit craindre avec raison qu'elle ne serve qu'à entretenir l'incertitude, le trouble, l'espionnage & les délations. La crainte étoufferoit les plaintes, ou l'impossibilité d'en constater clairement les objets, les rendroit le plus souvent inutiles. Un tel état est trop précaire, trop dangereux & trop pénible, pour qu'il puisse être celui de l'ordre qui doit être caractérisé par l'évidence & par la simplicité. Il doit donc en exister un autre : on ne doute pas que cette conséquence ne désigne l'impôt unique assis dans une raison proportionnelle avec le revenu du territoire.

Cette forme de subvention se présente sous un point de vue bien différent que la précédente. Il est vrai que pour en saisir tous les avantages, il faut sonder la nature, afin d'y puiser les principes qu'il paroît qu'on n'a pas encore saisis, lesquels cependant doivent fixer le sentiment commun.

Tout le monde doit convenir que sur la reproduction totale du territoire, on doit commencer par prélever les frais qu'il a fallu faire pour l'obtenir, sous peine d'être privé de celle de l'année suivante. Il ne faut faire qu'un pas de plus pour reconnoître l'obligation de prélever ensuite ce qui est nécessaire pour procurer aux propriétaires l'intérêt des capitaux, qu'il a fallu dépenser en construction de bâtimens & en défrichemens pour créer les propriétés. On sent encore qu'il faut ajouter à cette reprise les frais de l'entretien de ces propriétés : on a le même intérêt à sanctionner ces deux prélévemens que le premier. Dans une société naissante, ils sont les garans des progrès de sa culture ; sans eux, on prétendroit en vain la régénérer dans une société dégradée. Ils peuvent seuls prévenir le dépérissement d'une culture opulente ; d'où il résulte que les avances foncières des propriétés constituent leur titre, & mesurent l'étendue de leurs droits.

Il n'y a donc que ce qui excède ces reprises fixes, légitimes & indispensables, qui soit la richesse dont on peut disposer pour l'utilité publique. Cette utilité comprend les services du culte & ceux de la protection ; ainsi il n'y a que cette richeſſe qu'on doive leur attribuer ſous les titres de dixme & d'impôt.

On fait ici abſtraction de la dixme, & l'on ſuppoſe qu'on a ſouſtrait tout ce qui doit lui appartenir, pour conſidérer ſi le dernier excédant doit être entièrement accordé pour le revenu public, ou ſi la Nation ne doit lui en céder que la portion qu'elle aura reconnue indiſpenſable pour les dépenſes de l'Adminiſtration. Ici les raiſons ſe préſentent en foule pour déterminer le jugement qu'on doit porter ſur les deux points de cette alternative.

Si les propriétaires prétendent que tout l'excédant des repriſes de la culture doit leur appartenir, dès-lors leurs prétentions ſont ſans motifs & ſans meſure, leurs droits ſe trouvent vagues & immodérés; ils n'ont plus, pour les défendre, de titres qu'on ne puiſſe conteſter. S'ils reconnoiſſent, au contraire, qu'il eſt juſte, qu'il leur eſt même très-avantageux de réduire leurs prétentions au ſimple intérêt de leurs avances, de donner à leur revenu cette baſe inébranlable, de le ſouſtraire par cette raiſon impérieuſe à toutes les invaſions du fiſc; ils conviendront avec plaiſir qu'ils ne doivent rien réclamer au-delà, & par conſéquent que tout ce qui excède leur juſte portion doit appartenir au revenu public.

Ce ſentiment étant adopté par la Nation, toutes les fois qu'elle aura à traiter avec le Souverain, elle peut aiſément concilier le plus profond reſpect avec la plus grande fermeté; elle eſt diſpenſée de paroître lutter contre ſon autorité, en déterminant la quotité de l'impôt. Il ne doit lui en coûter que de lui montrer la ligne de démarcation que la nature a tracée elle-même entre le revenu des propriétés & celui de l'Etat. La puissance souveraine peut-elle refuser de se conformer aux loix de l'ordre physique ? Peut-elle jamais prétendre avoir le droit de les violer ? Elles enchaîneroient le despotisme même ; il seroit forcé de s'y soumettre, si on les lui faisoit connoître.

Que de lumières ! que d'avantages résultent de ce seul principe ! Il devient aussi-tôt évident que le revenu public doit être proportionné à la richesse nationale. Cette richesse étant dépendante de la sagesse ou des erreurs de l'Administration, elle les découvre au Souverain par l'accroissement ou par la diminution du revenu public ; son intérêt particulier se trouve ainsi lié intimément avec l'intérêt général, & c'est le défaut de cette dépendance, qu'on ne peut établir avec *une subvention pour une somme fixe*, qui en fait le vice essentiel. On découvre encore que cette disposition de l'ordre ménage tout ce qu'on peut desirer pour améliorer & pour multiplier les propriétés foncières, en faisant garantir par la loi l'intérêt des sommes qu'on consacrera à cet emploi ; que ces propriétés se vendront toujours à leur vrai prix, puisqu'on leur aura assuré la jouissance intacte de leur revenu ; enfin que chacun saura exactement ce qu'il doit payer, sans être sujet aux discussions désagréables que le plus petit propriétaire peut renouveller sans cesse.

Mais l'affranchissement des discussions contradictoires est spécialement le motif qu'on s'efforce de faire valoir contre l'impôt proportionnel avec le revenu. Cependant on croit avoir démontré combien ce moyen eſt peu propre à remplir l'eſpoir qu'on voudroit en faire concevoir.

La défiance qu'on témoigne contre la bonne foi des propriétaires ne paroît pas mieux fondée ; on eſt bien éloigné de penſer avec l'Auteur, *que le ſeul moyen du Gouvernement de rendre un tel impôt productif, ſeroit de corrompre les Membres des Aſſemblées.* Comme il n'eſt ici queſtion que d'exiger des droits, & non d'exercer une ſpoliation, le terme de *corruption* paroît au moins déplacé ; car l'intérêt du Gouvernement n'eſt pas de *corrompre*, mais d'exciter les *Membres des Aſſemblées* à remplir le principal devoir de leurs places.

Ce n'eſt point dans l'état de déſordre, & ſous les exactions du deſpotiſme, que l'on peut juger de l'eſprit public. Les droits & les devoirs y ſont également méconnus ; la rapacité du fiſc étant ſans frein, on s'applaudit de tout ce qu'on réuſſit à lui dérober, comme d'un profit heureux & légitime. Mais les choſes doivent bien changer de face avec l'impôt unique territorial, dont la proportion avec le revenu eſt déterminée par les loix de la reproduction. Cette diſpoſition équitable enchaîne néceſſairement la cupidité : on eſt forcé de reconnoître qu'on n'eſt qu'un ſimple dépoſitaire de tout ce qu'on a jugé devoir appartenir au revenu public ; qu'on ne peut ni en déguiſer, ni en retenir la moindre portion ſans ſe rendre coupable d'un vol manifeſte, ſans priver la ſociété d'un bien qui lui eſt dû, ſans éprouver au-dedans des remords, & ſans mériter des reproches au-dehors.

Il doit ſe trouver bien peu de propriétaires qui fuſſent capables d'étouffer les cris de la conſcience

& de l'honneur. On ne les a pas encore vus dans cet état de l'ordre & de la justice ; ainsi on auroit tort de les juger d'après celui du désordre & de la déprédation.

D'ailleurs, si la religion & le patriotisme ne suffisent pas pour rassurer sur l'intégrité de tous les propriétaires, on peut ajouter à la force de ces deux grands motifs la crainte de la honte & de la punition. Les Membres des Etats Provinciaux sont intéressés à ne pas se rendre les complices d'infidélités qui peuvent se découvrir à chaque instant, & qui les flétriroient ; ce seroit bien ici le cas où *l'intérêt public séparé de l'intérêt particulier, ne seroit point exposé par la pureté des motifs à être calomnié.* Les dénonciations faites par tous les habitans de la campagne, sans propriétés, n'auroient point pour motifs leur propre soulagement, en s'élevant contre les fausses déclarations du revenu. Ils se montreroient les défenseurs du trésor public, & les appuis de la puissance tutélaire.

Il est encore facile de prévenir les faux énoncés dans les baux, en exigeant que les propriétaires & les fermiers en affirment la sincérité ; qu'ils certifient ensemble qu'il n'a été fait aucun contre-billet, ni donné aucun pot de vin. Si l'on osoit ici violer la sainteté du serment, la loi condamneroit avec justice à une amende quadruple de la somme qui auroit été récélée. Cette amende seroit payée moitié par le propriétaire, & moitié par le fermier ; le premier seroit en outre exclu pour toujours des Assemblées de la province, comme s'étant rendu indigne, par sa cupidité & par sa mauvaise foi, de la confiance de ses concitoyens.

On pourroit mettre le comble aux précautions ; en astreignant tous les nouveaux détenteurs à communiquer dans les trois mois les titres de leur possession. Le prix principal auquel elles s'y trouveroient portées, seroit un témoignage qui attesteroit le véritable état des choses.

Il seroit superflu d'étendre plus loin le parallèle de ces deux formes d'impôts ; on croit avoir assez développé cette matière intéressante pour fixer le sentiment général. On ne croit pas se faire illusion, en présumant que les suffrages doivent se réunir en faveur de l'impôt unique territorial établi divisément en raison du revenu, & qu'il doit être préféré au même impôt stipulé pour une somme fixe.

Celui-ci plonge l'Administration dans les ténèbres ; il est un sujet de contestations toujours renaissantes entre le Roi & la Nation. Il rend précaire le droit de la propriété, & il ne peut se maintenir que par un travail aussi pénible que compliqué.

Le premier, au contraire, est un foyer de lumières qui éclaire toutes les parties de l'Administration ; il pèse au poids de la nature les droits du chef & ceux des membres de la société. Il établit ceux de la propriété sur des fondemens inébranlables ; son assiette est l'ouvrage le plus simple & le plus aisé.

Il seroit bien à desirer que tous les Représentans de la Nation fussent bien convaincus des avantages, & de la solidité de ce principe essentiel de l'ordre social ; que ce sentiment fût chez eux le fruit de discussions approfondies ; qu'il se fût formé dans eux successivement par la force des raisons, qui démontrent avec évidence que toutes les impositions indirectes sont toujours payées en dernière analyse par le revenu du territoire, c'est-à-dire, aux dépens des propriétés qui le couvrent; & que l'impôt territorial, qui doit être unique dans l'état de l'ordre, doit être combiné sur les rapports dont on a fait sentir les raisons & la nécessité.

Si cette loi étoit sanctionnée comme constitutive, combien dans une société naissante préviendroit-on de disputes, d'erreurs, de fautes & de réformes, qui ne sont le plus souvent que des fautes nouvelles & plus graves ? Dans un état de désordre & de déprédation, elle seroit le fil qui retireroit du dédale où chaque branche d'administration a, pour ainsi dire, son égarement particulier.

Il est impossible, sans doute, de pouvoir aujourd'hui réduire le revenu public à la portion qui lui appartient dans le revenu général. La détérioration qu'il a soufferte, les besoins indispensables de l'Administration pour les services de la protection, & pour les intérêts de la dette reconnue nationale, rendroient très-insuffisantes les sommes qu'on en peut retirer; mais du moins on commencera par déterminer ce que sa source naturelle peut lui fournir.

En faisant l'assiette de cet impôt, on procédera en même-temps à son égalisation qu'on réclame de toute part, & qu'on ne peut établir autrement avec justice. Chaque propriété foncière sera taxée au même taux proportionnel; mais les augmentations ou les diminutions que chacune d'elles pourra éprouver, ne seront point déterminées par un niveau obscur & factice. Les changemens seront fixés par la mesure commune de la redevance naturelle ; ils seront faits sans égard aux inégalités qui existent à présent dans la répartition : on n'en aura qu'au taux qui doit la diriger.

Ce travail peut être long ; c'est pour l'accélérer, qu'on doit s'empresser d'établir des Etats dans chaque province, & leur recommander de s'y livrer avec la plus grande activité. Il seroit difficile de déterminer ici, avec la force de l'évidence, le vrai taux proportionnel de l'impôt. On ne pourra y parvenir qu'après des observations variées & des discussions multipliées. Il est cependant indispensable de convenir de la proportion qui paroîtra la plus rapprochée de la véritable, qu'on tâchera par la suite de découvrir, & qui sera alors déclarée invariable. Le résultat de différens examens faits avec une attention scrupuleuse, semble limiter cette proportion entre le quart & le sixième du produit net total des différentes cultures du territoire. On pense qu'on peut avec confiance statuer provisoirement qu'elle sera fixée au cinquième : une estimation plus précise ne causera pas de changemens considérables.

Pendant que les Etats Provinciaux travailleront à l'établissement de cette contribution, les Représentans de la Nation trouveront, pour employer leur temps, bien des objets à discuter & à régler.

Les besoins réels de l'Administration, la suppression des dépenses inutiles, l'examen des titres qui fondent chaque créance, & qui doivent en mesurer les droits, les réformes de la procédure civile & criminelle, l'extinction d'une foule d'abus, l'application des ressources qui pourront se découvrir, l'analyse des taxes indirectes les plus déprédatrices.

Après avoir achevé ces différens travaux, si celui de l'assiette de l'impôt pouvoit être terminé, la connoissance de son produit faciliteroit toutes les opérations; il ne s'agiroit que d'ajouter à ce produit les sommes qui auroient été reconnues indispensables pour subvenir aux dépenses publiques, & pour payer les intérêts de la dette. On choisiroit les taxes indirectes dont il conviendroit de prolonger la perception.

Le desir de hâter l'extinction totale du régime fiscal, sera une véhicule pour exciter les propriétaires, ainsi que les Membres des Etats Provinciaux, à mettre beaucoup d'exactitude dans les déclarations; ils seront assurés de se ménager beaucoup plus d'avantages par l'extinction des taxes qui retombent sur leurs propriétés, que par la réserve injuste d'une petite portion de leur revenu.

Tous les Citoyens auront les yeux ouverts sur l'intégrité des procédés; ils s'élèveront avec éclat contre les ménagemens injustes qu'on oseroit favoriser; ils éclaireront toutes les manœuvres clandestines. Il n'est aucun habitant de la campagne que cette perspective ne rende un contradicteur légitime & intéressé de la première vérification de l'impôt territorial.

Dans le cas où l'assiette de cet impôt ne seroit point achevée, les Etats-Généraux ne doivent déterminer que provisoirement les moyens qu'ils jugeront les plus convenables à notre situation, & borner la durée de ces ressources au temps qu'ils prescriront pour leur nouvelle réunion.

On le répète, car on ne sauroit l'imprimer trop profondément, tout le succès des nouvelles opérations est entièrement & uniquement attaché à la connoiſſance de la vraie meſure du revenu public; ainſi que de la ſeule ſource dans laquelle il doit être puiſé. Il n'eſt point d'autre bouſſole pour avancer avec ſûreté & avec confiance dans la nouvelle carrière qui va s'ouvrir. Les efforts du génie & du patriotiſme ne pourront jamais trouver aucun moyen de la ſuppléer. Ils pourront bien ſéduire & entraîner dans les premiers inſtans; mais l'expérience découvrira bientôt que l'édifice qu'on aura élevé n'aura point été poſé ſur ſes vrais fondemens, que le charme de ſa décoration ne pouvoit pas réparer ſon défaut de ſolidité.

ESSAI
SUR LES PRINCIPES A ADOPTER
PAR
LES ETATS-GENERAUX.

CHAPITRE PREMIER.

Principes qui doivent diriger les opérations des Etats-Généraux.

TOUT atteste que le Royaume ne jouit pas d'une vraie constitution. Le point capital est donc de lui en assurer une, avant de se livrer aux différentes opérations qui ne doivent être que des conséquences ou des résultats des principes qu'on aura su choisir, & qu'on aura adoptés.

C'est pour concourir à cette grande entreprise, que les Membres des Etats-Généraux doivent surtout se regarder les dépositaires du pouvoir & de la confiance de la Nation. Ils doivent être convaincus qu'ils ne pourront lui procurer que des avantages éphémères qu'après qu'ils auront fait reconnoître & sanctionner ses droits. Leur premier devoir eſt donc de s'appliquer à en découvrir l'eſſence, & à en déterminer l'étendue. C'eſt dans le ſein du droit naturel & ſocial, qu'ils doivent puiſer leurs lumières ; ils verront découler de ces ſources pures des principes dont la réunion, conſignée dans une charte, établira la conſtitution ſage qui doit être l'objet de tous les vœux.

Tels ſont ceux qu'on propoſe.

1°. Reconnoître de nouveau l'ordre de la ſucceſſion au Trône tel qu'il eſt établi, ainſi que l'Etat Monarchique pour la forme du gouvernement.

2°. Le Roi, à la tête de la Nation réunie dans ſes Etats-Généraux, jouit de la plénitude du pouvoir légiſlatif. Il n'eſt aucunes loix, ni coutumes, ni formes d'adminiſtrations particulières à quelques provinces, qui ne puiſſent être abrogées ou changées, pour être rendues conformes à celles qu'on croira les plus favorables au bonheur & à la proſpérité.

3°. La Nation a le droit inconteſtable de déterminer un terme périodique pour renouveller ſes Aſſemblées, de pouvoir même avancer ces époques ſuivant les circonſtances.

4°. Les principales ſont les minorités, & toutes les cauſes qui empêcheroient le Roi de tenir lui-même les rênes du Gouvernement. Les Etats-Généraux doivent être convoqués au plus tard ſix ſemaines après ces évènemens. Dès que ce délai ſera expiré, ſans avoir beſoin de convocation, les Membres de la dernière Aſſemblée ſe réuniront dans la Capitale. Leur pouvoir ſera prolongé ſpécialement pour ces accidens.

5°. Si la prudence engage à ménager encore les anciennes prétentions qui ont introduit & qui ſoutiennent les diſtinctions d'Ordre, il eſt important de ſeconder les vues du droit naturel, qui preſcrit de compter les ſuffrages par têtes.

6°. C'eſt par le concours de la Nation avec le Roi qu'il doit être établi des Etats dans les provinces qui ſont privées de cet avantage, & que ce nouvel établiſſement conſtitutionnel doit être confirmé dans celles qui viennent de l'obtenir. Ces Etats Provinciaux doivent être tous organiſés ſous la même forme.

7°. Les Etats-Généraux ont ſeuls le droit de conſentir les impoſitions néceſſaires pour le revenu public; ils ſont les maîtres abſolus de ſupprimer celles qui exiſtent, de leur en ſubſtituer de nouvelles ſous les formes qui leur paroîtront les moins onéreuſes, & de fixer la durée de leur perception. De ce droit eſſentiel réſulte naturellement celui de concerter avec le Souverain la meſure des dépenſes de l'Adminiſtration.

8°. Les dépenſes publiques ne doivent pas être confondues avec les dépenſes perſonnelles du Souverain : celles-ci ſont indépendantes de l'inſpection nationale, soit que le revenu de ses domaines y suffisent, soit qu'on lui ait accordé une somme fixe pour cet objet. Les premières, au contraire, ne doivent jamais lui être soustraites ; elle doit en exiger un compte rigoureux, & ordonner la punition des moindres infidélités.

9°. Toutes les entreprises des Ministres dirigées contre les droits de la Nation, leur fausse politique qui fomenteroit sourdement une guerre, leurs manœuvres clandestines pour séparer l'intérêt du Roi de celui de la société ; enfin les dissipations qu'ils auroient ordonnées ou seulement favorisées, toutes ces manœuvres doivent être mises au rang de délits graves que la Nation a droit d'examiner & de juger, sans qu'aucune puissance puisse les soustraire à la peine qui aura été prononcée.

10°. La guerre étant le fléau le plus désastreux, & la cause des impôts les plus considérables, elle ne doit jamais être entreprise sans le consentement des Etats-Généraux ; ceux-ci doivent se faire une règle invariable de ne l'approuver que dans le cas d'une simple défense.

11°. Les frais de la fabrication des espèces pécuniaires, & le revenu que l'Etat en retire, sont un impôt établi sur la Nation. Sous ce seul point de vue, elle a droit de connoître de toutes les opérations relatives aux monnoies, de prononcer sur

la

la néceſſité des refontes, & de s'oppoſer à tout changement dans les valeurs nominales.

12°. La liberté individuelle eſt le premier droit naturel qu'il ne doit jamais être permis de violer; ce n'eſt qu'en ſe rendant coupable de quelque crime qu'on doit redouter la réclusion. On ne doit donc être condamné à la ſubir qu'en vertu des ordres émanés du miniſtère public; on doit même être autoriſé à le prendre à partie dans tous les cas où les paſſions, ou l'impéritie auroient influé ſur le jugement qui l'auroit ordonnée. Si quelquefois l'Adminiſtration eſt obligée d'arrêter un Citoyen, il doit être remis dans les vingt-quatre heures entre les mains de ſes Juges naturels.

13°. Par la liberté de la Preſſe, on multiplie les lumières, & on met un frein à la cupidité. Il eſt cependant des conditions eſſentielles auxquelles il ſemble qu'elle doit être aſſujettie; il ne peut pas être permis d'attaquer directement ni indirectement les vérités de la Religion, de s'écarter des ſentimens de reſpect & de fidélité qu'on doit au Souverain, de préſenter des obſcénités qui augmentent la dépravation des mœurs, & de répandre le venin de la médiſance & de la calomnie, qui ne peut jamais ſe rapporter à l'inſtruction utile & au maintien de l'ordre. Pour prévenir des fautes auſſi graves, la prudence ſe contente d'exiger que chaque livre offre pour ſon garant le nom de l'Auteur ou celui de l'Imprimeur ; l'un ou l'autre sera comptable de ses différentes productions vis-à-vis des Tribunaux judiciaires, qui doivent punir avec autant d'éclat que de sévérité tous les délits de ce genre.

14°. Toute dette & tout emprunt qui n'auront point été contractés au nom de la Nation & de l'aveu de ses Représentans, ne pourront jamais acquérir le moindre droit sur le revenu public. Tous ceux, au contraire, qui auront été faits en son nom, & qu'elle aura sanctionnés, constitueront les prêteurs d'une manière inaltérable copropriétaires du territoire, & leurs droits seront à l'abri de toute atteinte. On doit être convaincu qu'on ne peut user avec trop de circonspection d'une ressource aussi dangereuse.

15°. La finance des charges vénales n'est autre chose qu'un emprunt déguisé, leurs gages en sont l'intérêt; ils sont une charge sur le trésor public, qui a forcé d'accroître les impositions. Les émolumens pécuniaires qui sont attribués à quelqu'une d'entr'elles à titre de rétribution du travail, est un véritable impôt sous ces deux points de vue. La vénalité des offices doit dépendre du consentement de la Nation; elle a droit de s'opposer à toute création nouvelle, de faire supprimer tous ceux qui lui paroissent inutiles ou trop onéreux, de fixer & de réduire toutes les attributions abufives. Dans ces deux positions, elle reconnoîtra l'obligation de ne faire souffrir aucune lésion aux titulaires considérés seulement comme prêteurs.

16°. Les mêmes raisons militent pour l'autoriser à connoître de tous les emplois de l'Administration qui jouissent d'appointemens fixés, ou d'émolumens prélevés sur la société. Ils doivent être réglés à ce que la raison & l'honnêteté peuvent exiger.

17°. Il ne doit être salarié par la Nation que les offices qui obligent à des déplacemens, ou du moins à un travail qui intéresse l'ordre public. Ce principe doit être commun pour les Ministres de l'Autel.

18°. Les biens ecclésiastiques, que des préjugés aveugles ont jusqu'ici regardé comme une propriété attachée divisément à des places particulières ou à différens corps, ne sont réellement que des moyens établis pour subvenir aux dépenses du culte, à l'entretien de ses Ministres, à celui des temples, & sur-tout aux besoins des pauvres. Quelque vicieuse que soit cette forme, elle doit être respectée; mais c'est au corps de la société qu'appartiennent incontestablement ces fonds affectés pour les frais de services indispensables. C'est dans elle seule que réside cette propriété; elle intéresse trop l'utilité générale, pour qu'elle n'ait pas le droit d'en déterminer & d'en surveiller l'emploi.

19°. Il ne doit être accordé des pensions par

l'Etat que pour récompenſer de longs ſervices. Leur ſeul motif doit être de ſubvenir à des beſoins réels; elles ne doivent jamais être prodiguées pour des ſervices ſeulement agréables, & encore moins comme des graces abuſives qui ajoutent le ſuperflu à l'aiſance, qui ne ſervent qu'à entretenir le faſte, & à provoquer le luxe. Le conſentement de la Nation doit donc être reconnu indiſpenſable pour aſſigner ces tributs de la reconnoiſſance, & pour être aſſuré qu'on n'a point franchi les bornes qu'elle a droit de preſcrire.

20°. La gratuité de la juſtice civile eſt un des premiers devoirs de la protection; les Citoyens ſont fondés à la réclamer : on ne peut les en priver ſans injuſtice. Ils ont donc droit de preſcrire pour la procédure civile les formes les plus ſimples, & d'exiger que l'on réduiſe le plus poſſible les ſalaires de ſes agens ſubalternes.

21°. Dans la juſtice criminelle, le grand art eſt de concilier les droits de l'humanité avec ceux de la ſûreté. Si la dernière exige que le délit ne puiſſe pas ſe ſouſtraire à la peine prononcée par la loi, la première fait un devoir de ménager à l'accuſé tous les moyens qui peuvent l'aider à ſe juſtifier : on ne doit ceſſer d'avoir pour lui tous les égards que mérite un Citoyen, juſqu'au moment où il ſera convaincu d'avoir été l'ennemi de la ſociété.

22°. Tous les Citoyens doivent avoir un droit

égal d'acquérir des propriétés foncières & mobiliaires. La moindre exclusion, sous quelque forme qu'elle soit modifiée, doit être reconnue comme une injustice préjudiciable aux vendeurs, & nuisible aux améliorations de la culture du territoire.

23°. Toutes les propriétés foncières doivent essentiellement la même part proportionnelle de leur revenu, soit qu'il soit constaté par des baux, soit qu'il ne puisse être établi que par des inventaires de culture. Les fonctions, ainsi que les qualités de leurs possesseurs, ne doivent influer en rien sur ce genre de redevance déterminée par l'ordre physique, & indispensable pour l'ordre social.

24°. On ne doit considérer les taxes indirectes que comme des supplémens de l'impôt territorial. Il est incontestable qu'elles finissent toujours par être payées par les cultivateurs & par les propriétaires; d'où l'on doit conclure que dans un état d'ordre & d'aisance, il n'en doit jamais exister une seule, parce que la mesure de l'impôt unique territorial doit suffire pour toutes les dépenses de la protection; mais dans un état de détresse l'impôt unique ne pouvant faire face à tous les besoins, on doit ajouter au produit de sa vraie mesure les impositions les moins onéreuses, & qu'on juge nécessaires pour faire face à tous les engagemens.

25°. Les différentes opérations du commerce & de l'industrie doivent jouir d'une liberté & d'une immunité complettes. La moindre atteinte portée à ces deux droits rejaillit sur la prospérité générale qu'elle diminue ; elle dénature l'essence des choses en considérant des services utiles, & le travail auquel l'homme est condamné sous peine de mort, comme des avantages dont on peut faire acheter la jouissance au prix qu'une autorité aveugle peut fixer arbitrairement.

26°. Il n'est aucun privilège qui ne fasse souffrir une double lésion à la société. L'excès de bénéfices que le monopole procure à ceux qui en sont pourvus, est une vraie concussion exercée contre elle. La défense de partager les entreprises, ainsi que les travaux privilégiés, est une tyrannie qui enchaîne les talens & l'activité. Quand les privilèges n'autoriseroient que la contribution qu'ils font lever sur les consommateurs, ils ne pourroient se soutenir que par le consentement de la Nation ; mais dès qu'ils ajoutent à cette spoliation celles du droit naturel des Citoyens, c'est un devoir indispensable pour la Nation d'exercer le droit qu'elle a de les proscrire tous sans exception.

Il est bien important pour la société que ses Représentans commencent par se réunir sur ces principes qui constituent les droits primitifs & communs à tous les hommes réunis en société. En les faisant sanctionner par le Souverain comme constitutionnels, ils poseront les vraies bases de la reſtauration du Royaume, que l'intérêt général ſollicite avec tant d'ardeur. Ces principes aſſureront les ſuccès de cette grande entrepriſe ; on ne peut ſe flatter de les obtenir que ſucceſſivement, en agiſſant avec autant de ſageſſe que de circonſpection.

Tous les travaux ultérieurs ne doivent être que l'application, ou les conſéquences des vérités reconnues & adoptées. Ils auront toujours pour appui le droit confirmé par la juſtice & par la raiſon.

CHAPITRE II.

ARTICLE I.

Etabliſſement des Etats Provinciaux.

DES Etats dans chaque Province doivent être les ſupplémens partiels des Etats-Généraux. Eux ſeuls peuvent fixer leur confiance pour l'exécution des réglemens qu'ils auront concertés avec le Roi, & qu'il aura ſanctionnés.

Leur forme doit être ſimple, & la moins diſpendieuſe poſſible. Devant être autant d'abrégés des Etats-Généraux, ils doivent être compoſés de la même manière & ſous la même forme. La ſeule différence qu'on deſire, eſt de réduire les Repréſentans du Clergé à n'être que la moitié de ceux de la Nobleſſe ; le Tiers-Etat devant toujours fournir autant que ces deux Ordres enſemble.

Si des motifs de prudence obligent à borner à trois années le renouvellement du tiers de leurs Membres, l'intérêt commun ſollicite la liberté de pouvoir prolonger, par de nouvelles élections, juſqu'au terme de neuf années, les ſervices de ceux dont le zèle & l'intégrité feroient à juſte titre regretter le déplacement. La perſpective de cette diſtinction ſera un véhicule puiſſant pour développer les talens, & il ſera facile d'en profiter.

On doit attribuer à ces Etats le droit de répartir les impoſitions territoriales, ainſi que celles qui ſeront aſſiſes ſur les loyers des maiſons & la capitation; d'inſpecter leur perception, la remiſe exacte de leur produit ſuivant les deſtinations conſenties par les Etats-Généraux, & d'arrêter tous les différens comptes.

Ils doivent en outre déterminer & ſurveiller les différentes dépenſes aſſignées dans leur intérieur reſpectif, telles que la conſtruction & l'entretien des canaux, des routes, des ponts, &c.

La perception des autres taxes indirectes étant confiée à des mains qui leur ſeront tout-à-fait étrangères, ils doivent veiller ſans relâche ſur l'exactitude avec laquelle on doit ſe conformer aux loix qui les auront établies, s'élever contre la moindre extenſion qu'on oſeroit leur donner, & mettre un frein irréſiſtible à toutes les manœuvres de la cupidité. Si l'établiſſement d'un bureau intermédiaire des Etats-Généraux, formé & fixé par eux auprès du Souverain, paroît avec raiſon pouvoir être dangereux, il eſt cependant eſſentiel d'entretenir un Corps qui ſoit toujours prêt à préſenter au Roi le véritable état du Royaume, & à lui porter des plaintes ſur les atteintes qu'on oſeroit porter à la nouvelle conſtitution. Les Etats Provinciaux fourniſſent un moyen facile de jouir de cet avantage ſans en craindre le danger. Il s'agira de ſtatuer que chaque Etat provincial députera un de ſes Membres pour réſider auprès du Souverain; chaque Député doit être ſans aucun pouvoir; il ne doit être que le ſimple organe de ſa province, qui pourra le révoquer à ſa volonté, ſans être tenue de fournir aucun motif pour ſon rappel.

Les fonctions de ces Députés ſe borneront à conſtater les déciſions dont les provinces pourront avoir beſoin, pour juger les difficultés qui pourront s'élever ſur les différens points de l'Adminiſtration, & ſur-tout ſur les impoſitions; ils ne pourront y avoir aucune influence; ils ne ſeront que les interprêtes des ſentimens de leurs commettans. Ainſi, par cette inſtitution, la pluralité des ſuffrages préſentera toujours la pluralité des vœux de la Nation:

leur expreſſion ſera ainſi rendue indépendante des pièges & de la corruption.]

ART. II.

Des biens du Clergé, de l'inſtruction publique, & des ſecours pour l'indigence.

Les biens du Clergé ne ſont évidemment qu'une propriété commune deſtinée pour l'utilité publique. On ne peut donc diſputer à la Nation le droit de connoître les abus qui ſe ſont introduits ſucceſſivement dans leur diſtribution, & de les réformer. Après avoir bien apprécié les différens beſoins auxquels ils doivent ſubvenir, elle doit rejetter toutes les conſidérations particulières qui pourroient s'oppoſer à l'exécution du plan qu'elle doit former. Ce plan doit embraſſer la décence du culte, l'aiſance de ſes Miniſtres eſſentiels, & le ſoulagement des pauvres. Ne pouvant ſuppoſer aux anciens fondateurs des vues plus pures & plus utiles, on s'y conformera donc avec d'autant plus d'exactitude, qu'on mettra plus de régularité dans la diſtribution de cette propriété publique.

Par le miniſtère des Etats Provinciaux, il ſera facile de conſtater le revenu de toutes les propriétés foncières du Clergé, & de connoître le produit des dixmes eccléſiaſtiques. Ils pourront dreſſer avec la même netteté des états exacts des dépenſes auxquelles ces maſſes reſpectives de richeſſes doivent faire face. Ces états doivent comprendre, 1°. le traitement uniforme des Evêques, avec les petites différences que les poſitions locales peuvent exiger.

2°. Celui qui ſera jugé néceſſaire pour procurer une aiſance honnête aux Curés & aux Vicaires.

3°. Celui des Chanoines d'une Cathédrale, qui doit être le ſeul Chapitre dans chaque diocèſe; leur nombre ſera combiné ſur ſon étendue. Il ſeroit à deſirer que ces places fuſſent réſervées de droit pour être la récompenſe du mérite & du travail des ſeuls Prêtres diocéſains.

4°. L'entretien des Temples, des Fabriques & des Presbytères.

5°. L'éducation publique dont la réforme doit intéreſſer ſpécialement les Etats-Généraux. L'expérience n'a que trop confirmé la juſte prévention que l'on avoit conçue contre des inſtituteurs ſalariés. Les pénibles devoirs qu'elle impoſe ne peuvent être bien remplis que par un zèle religieux. Il ſeroit bien intéreſſant de pouvoir créer une nouvelle Congrégation, dont la conſtitution fût combinée ſur les différentes parties de l'éducation, ou de déterminer quelques Ordres religieux à rendre ce ſervice eſſentiel à la Religion & à l'Etat.

l'on doit échouer dans ces deux projets, on doit s'appliquer à réformer les abus qui se sont multipliés dans l'éducation actuelle. Elle doit être entièrement soumise à l'autorité des Etats de chaque province, sans aucune dépendance des Tribunaux judiciaires.

6°. L'enseignement des vérités de la Religion dans les lieux qui lui sont affectés.

Après avoir pourvu à ces différens besoins, tout ce qui restera des biens du Clergé doit être employé entièrement au soulagement de l'indigence. La Religion doit en proscrire tout autre emploi.

On ne peut pas prétendre dépouiller les possesseurs actuels des bénéfices; l'attente de leur vacance rallentira les progrès de cette réforme salutaire; le remboursement de la dette qu'on a eu l'imprudence de laisser contracter au Clergé en diminuera les fruits. L'extinction progressive d'un grand nombre d'Ordres religieux fournira bien des ressources pour rembourser les capitaux qu'il a empruntés. Ces différentes dispositions se bornant à des rapports temporels, elles sont nécessairement de la compétence du corps de la société. On ne pourra pas même lui reprocher d'en excéder les justes bornes, si elle tend ses regards sur les parties de la discipline extérieure réglée par les Conciles. Elle est trop intéressée au rétablissement des Assemblées synodales & des Conciles provinciaux, pour ne pas les réclamer. Les Membres du Sacerdoce, & sur-tout les Evêques, se trouvent sans juges compétens, & par conséquent sans frein. L'autorité des Tribunaux laïques, qu'on a essayé d'employer pour réprimer cette indépendance, est illégitime; elle n'a produit que des scandales. Par une telle demande, la Nation ne met pas la main à l'encensoir, mais elle le remet dans les mains de ceux qui l'ont abandonné, & elle les force de le reprendre.

Tout ce qui finit en dernière analyse par être une charge dispendieuse sur les Citoyens, doit être rangé dans la classe des impositions; & par une conséquence nécessaire, doit dépendre du consentement de la Nation. Elle a donc droit de s'opposer aux remises pécuniaires qui se font annuellement à la Cour de Rome.

Celles qui sont exigées pour les changemens de bénéfices, n'ont aucun motif religieux qui mérite d'obtenir une adhésion respectueuse. Celles qui sont le prix des dispenses, & qui sont appliquées à des aumônes, méritent plus d'égards; mais sans rien innover dans ces fixations relatives aux états & aux personnes, elles doivent être réservées pour la caisse des pauvres nationaux. Rien n'intéresse à méconnoître sur cela les droits du Chef de l'Eglise, pourvu qu'il consente à les exercer gratuitement. Le temps de vacance du Saint-Siége peut seul faire une exception. Pour ne pas faire souffrir les familles de délais qui sont quelquefois très-prolongés, on doit être autorisé à s'adresser aux Evêques, qui ne refuseront pas de reprendre, au moins pendant cet intervalle de temps, la portion d'autorité dont ils ont jugé à propos de se démettre par des motifs qu'il ne convient pas ici d'approfondir.

ART. III.

De la Justice civile.

Dès que la Nation exerce ses droits par elle-même, elle n'a plus besoin d'être représentée ni défendue par les Tribunaux judiciaires. Le seul rapport qu'elle doit leur conserver, est l'enregistrement des loix créées dans les Assemblées nationales, afin de leur donner une publicité légale, & pour diriger sur cela les opérations de leur ministère.

Ce ministère doit être désormais entièrement renfermé dans les procédures civile & criminelle.

L'intérêt général, relativement à la procédure civile, est d'obtenir les jugemens les plus prompts & avec le moins de frais possibles. Pour atteindre ce double but, il paroît nécessaire :

1°. De donner à tous les Tribunaux souverains une étendue de ressort à-peu-près égale ; il faut cependant qu'elle soit assez considérable pour que les intérêts particuliers ne ſoient pas trop concentrés; celle des Parlemens de province paroît reſſerrée dans de juſtes bornes : leur exemple doit faire loi pour la diviſion de celui de Paris.

2°. D'attribuer au Préſidial principal de chaque province le droit de juger en dernier reſſort, tant dans les cauſes réelles que perſonnelles, juſqu'à la ſomme de 6000 liv., & juſqu'à celle de 8000 liv. par proviſion, & de réduire à la moitié cette attribution dans les autres Préſidiaux.

3°. De faire ſupprimer toutes les taxes fiſcales impoſées ſur les arrêts, les ſentences, & autres procédures; elles ſont diamétralement oppoſées au droit du Souverain, puiſque la juſtice gratuite eſt un des premiers devoirs de la protection.

4°. De ſimplifier toutes les différentes formes de la procédure exécutée par les miniſtres inférieurs & ſalariés de la juſtice; de fixer de la manière la plus claire & la plus préciſe le nombre & le prix de leurs opérations, & de ſoumettre à l'autorité des ſeuls Membres de chaque Tribunal l'exécution de ce réglement.

Ce ſeroit peu d'attaquer l'abus des procédures, ſi l'on ne remontoit pas aux vices des loix qui les compliquent & les multiplient. Il s'en préſente deux au premier coup-d'œil, dont l'on doit demander avec inſtance la ſuppreſſion.

La première, eſt l'invention ruineuſe des ſaiſies

réelles ; pourquoi attendre que l'on ait abſorbé en frais les trois quarts de la propriété ſaiſie avant d'en vendre les reſtes à l'enchère ? Il eſt plus ſimple & bien plus juſte d'en faire ordonner la vente ſur une affiche, & après trois publications, dans tous les cas où le jugement de la ſaiſie réelle devroit intervenir.

La ſeconde ſur laquelle peu de gens fixent leurs regards, & qui cependant produit ſouvent des effets bien funeſtes, c'eſt l'inſtitution dangereuſe de l'hypothèque générale ; il eſt très-intéreſſant de la faire diſparoître, pour ne plus reconnoître en juſtice que l'hypothèque ſpéciale. Il eſt abſurde que la moindre créance grève en même-temps tous les biens ; la fauſſe ſécurité qu'elle inſpire ne ſert qu'à accélérer la ruine des diſſipateurs, & à aggraver les pertes de ceux qui ont donné dans le piége que la loi a permis de leur dreſſer. Mais avec l'hypothèque ſpéciale, la confiance ne peut être ſéduite par de faux attraits ; les procédés pour les acquiſitions nouvelles ne ſont pas ſuſceptibles de la moindre difficulté. Il eſt aiſé de diſſiper toutes celles qui pourroient ſe préſenter pour les anciennes acquiſitions.

Cette diſpoſition ne peut être défavorable aux prêts par billets ſous promeſſes de contrats ; ces actes ne peuvent acquérir d'hypothèque que par un contrat ou par un jugement légal. Dans ces deux

deux cas, les prêteurs ne seront plus obligés de rester dans l'incertitude de leur sort, puisqu'il faudra leur désigner la propriété sur laquelle l'hypothèque sera assise. On doit ajouter à ces deux demandes celle du droit d'échange. Son établissement est une invention fiscale qui contredit les dispositions des Coutumes ; il prive des adoucissemens qu'elles avoient mis à la rigueur du droit féodal. Il doit son existence à des loix bursales, dont la dernière est de *1696* ; il a attaqué l'essence de la propriété en étendant le droit du Seigneur, & grêvant le sort du vassal. Sa suppression n'exigera pas de grandes indemnités ; il a été cédé gratuitement aux Grands, vendu au plus bas prix à plusieurs Seigneurs, & refusé par les autres.

Jusqu'à ce que la Magistrature ait recouvré la juste considération que méritent ses fonctions importantes, il y auroit peut-être de l'indiscrétion à supprimer la vénalité des offices. Il est plus avantageux d'attribuer à leurs possesseurs l'intérêt de leur finance, en les faisant renoncer à tout autre émolument, sous quelque nom & sous quelque prétexte que ce soit.

Art. IV.

De la Justice criminelle.

On n'a point de connoissances de cette partie délicate de la législation, pour entrer dans des détails un peu étendus sur les réformes qu'elle exige. On se borne à demander la suppression des vices les plus saillans, tels que l'abus du serment & l'atrocité de la question. Il paroît de même à desirer que la flétrissure des jugemens cesse de s'étendre sur la famille des coupables. Des raisons puissantes peuvent engager à l'étendre seulement aux auteurs de leurs jours; elle est une juste punition du peu de soins qu'on a mis dans l'éducation des enfans: la crainte de la subir sera un motif qui engagera à les surveiller avec attention.

Art. V.

Du Commerce & de l'Industrie.

La liberté, la sûreté, & l'immunité du commerce & de l'industrie sont leurs droits naturels, imprescriptibles. La moindre atteinte qu'on ose leur porter, produit l'effet d'une imposition dont la Nation ne peut être grévée contre son gré. Les taxes imposées sur les objets de consommation forment une double charge, dont celle qui n'est point apperçue est plus onéreuse que celle qu'on voit prélevée par le fisc.

Telles sont spécialement celles qui sont établies sur les vins, & sur la fabrication des cuirs & des papiers. On doit en demander la suppression avec la plus grande instance.

L'intérêt général & la justice sollicitent de même l'abolition de toutes les taxes des maîtrises. On ne peut plus différer de réintégrer les Citoyens dans le droit de vendre & de faire tout ce qu'il leur conviendra, sans gêne & sans inspection. On ne doit excepter de cette règle générale que quatre états que la sûreté publique engage à surveiller; savoir, les Chirurgiens, les Apothicaires, les Orfévres & les Serruriers. On doit les contenir sous une forme de corporations; mais on doit y être admis sans frais : une précaution de la sagesse & de la bienfaisance ne doit pas devenir un moyen de spoliation.

La nouvelle création des maîtrises a mis le comble à la perfidie ministérielle. Après l'édit paternel qui avoit rétabli l'industrie dans les droits que tout homme tient immédiatement de la nature, l'avoir assujetti aussi-tôt à des formes plus gênantes & plus dispendieuses que les anciennes, c'est avoir tout à-la-fois compromis le Souverain, & bravé la Nation.

Tous les privilèges dans l'intérieur, doivent être

abolis par la même loi; on ne doit avoir aucun égard à tous les vains prétextes que le crédit & la cupidité s'efforceront de faire valoir pour en souftraire quelques-uns à la profcription générale.

Le rétabliffement de la nouvelle Compagnie des Indes eft d'autant plus révoltant, que fon privilège n'avoit été révoqué fous le dernier règne qu'après la conviction des dommages qu'il caufoit au commerce national. Les prétextes dérifoires dont s'eft prévalu M. de Calonne, n'ont point affoibli les raifons qui avoient triomphé. Un acte d'autorité furpris par la mauvaife foi, doit céder aux réclamations de la Nation, éclairée par les armateurs de tous les ports.

Par égard pour l'indolence léthargique dans laquelle nos réglemens, toujours dictés par l'efprit de monopole, ont retenu nos fabriques, il paroît qu'on ne peut fe difpenfer de conferver encore pendant quelque temps les taxes d'entrée fur plufieurs productions de l'induftrie étrangère, pour garantir nos fabriques des dommages qu'elles fouffriroient au premier inftant de cette concurrence; mais ce ménagement ne doit être que momentanée. Un délai de fix années doit fuffire pour introduire toutes les reffources que l'art a fournies aux étrangers pour diminuer les frais du travail. Après ce terme, il doit être ftatué que les entrées, ainfi que les forties du Royaume, feront affranchies de taxes & d'entraves. Pendant cet espace de temps, les droits des traites qui forment les barrières du territoire doivent être cumulés & perçus dans des bureaux posés à ses extrémités.

Il n'y a que le desir aveugle de vouloir tout gouverner & gratifier leurs créatures qui a pu engager les Ministres à former des conseils de commerce, à le subordonner à des Intendans, à des Inspecteurs, à confier ses intérêts à des Députés. Ces établissemens ne forment qu'un vain échafaudage & une charge publique ; ils s'opposent au succès qu'on prétend obtenir. Ce sont des digues qui gênent le cours du commerce, & qu'on doit s'empresser de renverser. Il gagnera tout ce qu'il perd par les fausses directions qu'on lui donne, & la dépense publique sera diminuée de ces frais.

Il est indispensable d'abolir le nouveau classement des mariniers de l'intérieur du Royaume. Cet esclavage auquel on les a assujettis, est un attentat contre leur liberté, & une taxe indirecte mise sur le commerce. On a renchéri ses frais de transport en diminuant la concurrence des voituriers, dont le plus grand nombre quitte un état qu'on a rendu serf ; ils éloignent leurs enfans d'une servitude aussi pénible & aussi dangereuse. Comment a-t-on pu être assez aveugle pour avoir voulu concilier deux contradictions ? On s'est proposé, dans cette opération, d'accroître le commerce maritime, en lui assurant une plus grande protection, & le moyen qu'on emploie en tarit les sources & en obstrue les canaux.

Le préjudice que les faillites multipliées causent au commerce général, le surcroît de frais que le calcul de leur danger nécessite de réclamer, mérite la plus grande attention des Etats-Généraux. Cet abus de la bonne foi est un délit des plus graves contre la sûreté publique. On doit s'appliquer plutôt à les prévenir par des mesures sages & modérées, que par des loix dont la trop grande rigueur s'oppose à leur exécution.

ART. VI.

Ordre du tableau qui doit constater la dette nationale.

Voilà le dédale inextricable dans lequel on ne peut se dispenser d'entrer; la tâche est pénible, sans doute : mais l'honneur, ce sentiment inné dans les cœurs françois, doit y servir & de guide & d'appui. On doit être bien sur ses gardes, pour éviter les piéges qui seront cachés avec beaucoup de dextérité.

Afin de constater avec autant de netteté que de précision l'état de la dette, on doit demander que toutes les sommes versées dans le trésor public par les différens emprunts soient classées séparément ; qu'on établisse la date de ces emprunts successifs, & que l'on place le montant des intérêts dans une colonne parallèle à celle qui comprendra les capitaux.

On doit commencer par la finance de tous les offices de magistrature, à la suite desquelles on placera tous ceux que la fiscalité a créés & multipliés. On présentera les sommes que l'Etat en a reçues, la valeur à laquelle le premier prix a été élevé par les fixations que l'on a consenti de reconnoître, moyennant la taxe du centième denier dont on a grevé tous les offices.

Les rentes constituées doivent remplir un second tableau ; chacune d'elles y sera placée suivant la date de sa création, depuis les plus anciennes établies sur l'hôtel-de-ville de Paris, jusqu'aux dernières constitutions.

On ajoutera tous les emprunts faits par les Pays d'Etat, & par les provinces particulières dont les principaux ont été versés dans le Trésor Royal.

Il doit être terminé par les rentes que doivent les différentes Municipalités pour les emprunts qu'elles ont été autorisé de faire pour leur compte particulier. Le paiement étant fourni par des impositions assises sous le nom d'octrois, elles sont une charge qui pèse sur la société : elle a autant d'intérêt de les connoître, qu'elle doit avoir d'empressement de s'en libérer.

Il faut constater ensuite séparément toutes les rentes viagères, en observant l'ordre successif de leur création. Il est nécessaire de distinguer celles qui ne sont établies que sur une seule tête, de celles qui le sont de plusieurs; on désignera les capitaux reçus par chaque création de ces rentes, & le montant des intérêts assignés à chacune d'elles.

On terminera ce travail par l'état précis des sommes que l'on a pompées de tous les différens employés dans la finance; on détaillera les différens prêts qu'on les a contraint de faire sous les titres d'avances, de cautionnemens & d'anticipation; on placera, vis-à-vis chacun de ces engagemens, l'intérêt qui leur est alloué.

On ne doit pas omettre la liste des différentes pensions qui sont aux charges du trésor public; elles sont de vraies rentes viagères dont on n'a pas reçu les capitaux; elles ne composent pas moins une partie de la dette publique, dont la Nation doit acquitter tout ce qui a été accordé par la justice & par la reconnoissance.

Pour être sûr de ne pas violer leurs loix, on doit diviser ces pensions en différentes classes.

La première doit comprendre les penſions des Officiers ſubalternes de terre & de mer.

La ſeconde celle des Officiers généraux.

La troiſième celle des Miniſtres, des Magiſtrats, & de ceux qui ont été employés dans les négociations.

La quatrième celles des commis des bureaux de l'Adminiſtration.

La cinquième celles données pour les ſervices domeſtiques dans l'intérieur de la maiſon du Roi & de la Reine.

La ſixième celle des gens de la Cour.

La ſeptième celles qui ont pour motif la récompenſe des arts & des talens.

Ces différens objets ne ſuffiront pas encore pour connoître toute la peſanteur du fardeau; il en eſt des parties diſtraites & déguiſées qui doivent lui être réunies.

Ce ſont les apanages des Princes, les aliénations des domaines de la Couronne, leurs échanges, & les acquiſitions mêmes de nouvelles propriétés foncières. Il devient évident que le vide que toutes ces différentes manœuvres ont cauſé dans le Tréſor Royal ne peut être rempli que par un ſurcroît de contributions levées ſur la Nation. En effet, que le Roi ſoit obligé à payer réellement chaque année dix millions, ou qu'il ait cédé le revenu d'une ſomme égale en terres ou en bois, le réſultat eſt abſolument le même : il faut ou la puiſer dans de nouvelles ſources, ou ſupprimer les ſervices dont elle fourniſſoit les paiemens. Ces inventions de l'intrigue & de la faveur ſont beaucoup plus préjudiciables que les penſions ; car l'abus de celles-ci ceſſe à la mort de ceux qui les ont ſurpriſes : mais les premières ne connoiſſent pas de terme ; les unes n'opèrent qu'une ſpoliation momentanée, mais les autres en cimentent une qui ne doit pas finir.

Art. VII.

De la converſion de la dette publique en dette nationale.

Que ſerviroit de ſonder une plaie profonde, ſi l'on refuſoit de ſe ſoumettre aux opérations néceſſaires pour ſa guériſon ? Il n'en réſulteroit qu'un découragement mortel, ou un déſeſpoir funeſte. L'énergie d'une Nation éclairée doit raſſurer contre une telle puſillanimité. On ne peut ſe diſſimuler ici qu'il faut des prodiges de ſageſſe, de fermeté & de conſtance ; mais on doit compter ſur un zèle & un courage ſupérieurs à tous les efforts qu'il faudra faire.

On ne peut prévenir l'avis des Repréſentans de la Nation par des détails fort étendus, parce que l'on n'a pas de renſeignemens aſſez sûrs. On doit ſe contenter de préſenter des principes généraux ; qui, ſur preſque toutes les difficultés, peuvent fonder les déciſions.

A-t-on réellement verſé dans le tréſor public les ſommes dont on réclame la créance ?

Y a-t-on été autoriſé par l'eſpèce de ſanction que les emprunts recevoient de l'enregiſtrement dans les Cours ſouveraines ?

L'intérêt général n'a-t-il pas été ſacrifié à l'envie immodérée des Miniſtres de completter promptement les emprunts ?

Enfin eſt-il des traités où la juſtice a été bleſſée avec tant d'évidence, qu'il eſt impoſſible de s'y prévaloir de la bonne foi ?

Avec ces quatre principes, on ne ſera pas expoſé à bleſſer aucuns droits légitimes, & on pourra apprécier toutes les créances.

Il eſt inconteſtable que les ſommes payées par les titulaires d'offices, mais que le Roi a reçues, doivent meſurer l'étendue de leurs créances, & que la ſociété ne peut refuſer de continuer le paiement des gages qui y ſont attachés, pour tenir lieu de l'intérêt de cette nature d'emprunt.

Il eſt un grand nombre d'offices, ſur-tout de finances, dont les gages ſont bien diſproportionnés avec le prix de leur création, parce qu'on leur a attribué des émolumens payés immédiatement par la ſociété. Les accroiſſemens ſucceſſifs de ces profits d'attribution, ont acquis dans le commerce, à ces charges, une valeur bien supérieure à celle de leur vraie finance. Quel sort la Nation doit-elle faire aux possesseurs de ces offices? Elle est obligée d'abord à restreindre les parties abusives & onéreuses de leurs taxations pour ceux qu'elle jugera à propos de conserver; elle peut même les convertir en gages fixes, à l'égard de ceux qu'elle voudra supprimer. On ne croit pas que la justice la plus rigoureuse puisse condamner le Roi à rendre plus qu'il n'a reçu. L'établissement insidieux du nouveau centième denier ne peut fonder un titre contre la Nation: il constate tout au plus un nouvel emprunt, dont il est juste de tenir compte; mais il ne peut jamais avoir eu le droit de rendre l'Etat débiteur des sommes considérables qu'il n'a pas reçues.

Les avances & les cautionnemens des employés dans les Fermes générales sont sous une forme différente des finances d'offices; ainsi elles ont droit de prétendre à la même sûreté & au même traitement. Leurs prêts sous le titre d'anticipations, quoique dépourvus de toutes les formes légales, doivent être placés dans la classe de toutes les rentes constituées en vertu d'enregistremens: on doit en tenir également un compte exact & fidèle.

Les emprunts à rentes viagères donnent lieu à plus de discussions & de difficultés: on doit écarter celles qui ont été créées avant 1776. Celles qui datent de cette époque, & les subséquentes, peuvent être considérées sous des points de vue différens; il est évident qu'on n'a pu faire aux prêteurs un sort aussi favorable qu'en leur sacrifiant l'intérêt général. Le troisième principe s'élève contre une semblable disposition; sans se prévaloir des conséquences qu'on pourroit en tirer, on peut se borner à considérer l'état de notre épuisement, & à ménager les ressources qui ne blesseront pas la justice.

On doit avoir moins d'empressement de voir éteindre ces rentes viagères, que d'alléger le surcroît de pesanteur qu'elles ajoutent au fardeau qui nous accable. La diminution des intérêts annuels est le principal soulagement que l'on doit tâcher de se procurer; tels sont les moyens & les ménagemens qu'on propose : conserver jusqu'à la concurrence de dix mille livres les rentes viagères, après les avoir réduites sur une seule tête.

Toutes celles qui excéderoient cette somme jusqu'à celle de douze mille livres, les convertir en rentes, avec l'intérêt de leur principal au fur légal, sans rien répéter pour le surplus d'intérêts dont on auroit joui jusqu'à ce moment; mais on réduiroit ce qu'on auroit touché au-delà du fur de la reconstitution, de toutes les rentes qui seroient au-dessus de 12000 liv.

Ces différentes modifications préviennent toute réclamation fondée ; le ſort de la première claſſe n'eſt point changé pour la jouiſſance des objets de beſoin.

Dans la ſeconde, le goût du luxe eſt ſeulement réfréné ; on rend aux familles les biens dont il les avoit privées ; on n'affoiblit point les degrés d'aiſance dont on jouiſſoit auparavant ; on retranche ſeulement ce que l'eſprit du luxe avoit preſſé d'y ajouter.

Les plaintes vives de la troiſième claſſe doivent faire peu d'impreſſion ; car elle ne pourra jamais faire parler la juſtice en ſa faveur. C'eſt la cupidité qui l'a guidée ; elle n'a eu d'autre but que de s'enrichir des dépouilles de l'Etat, & ce moyen, avec la combinaiſon Genêvoiſe, étoit infaillible. Tous ceux qui la compoſent ont mis exactement en réſerve la moitié du double intérêt qui leur étoit accordé ; en déduiſant aujourd'hui cette réſerve du principal qui a été prêté, & en créant une rente rembourſable de ce qui en reſtera, leur nouveau ſort ſera celui d'un prêt ordinaire à conſtitution, dont une partie aura été rembourſée d'avance.

Tous les ſuffrages ſe réuniront ſans doute en faveur des penſions accordées aux Officiers ſubalternes. Des Citoyens généreux qui ont toujours été prêts à verſer leur ſang pour la défenſe du Royaume, pluſieurs même qui l'ont répandu, méritent à juste titre les secours que l'Etat leur a accordés pour terminer leur carrière dans une honnête aisance.

On doit regarder sous un point de vue différent les pensions prodiguées à ceux qui jouissent exclusivement des premières places du militaire; ils n'ont pas besoin de secours qui les garantissent d'un état de souffrance, & la Nation ne doit pas être grevée pour accroître leur opulence & leur faste.

Pour toutes les autres pensions, on sera sûr de porter un jugement éclairé, en réunissant sous le même point de vue le degré d'utilité des services rendus à l'Etat, & celui de la fortune de ceux qui s'en trouvent gratifiés. En exigeant le concours de ces deux raisons, il en est bien peu auxquelles il fournira un titre pour être conservées.

Tant que nos Rois n'ont pu disposer que de leurs domaines, ils ne pouvoient se dispenser d'en distraire une partie, lorsqu'ils avoient plusieurs enfans, pour doter les puînés. Alors la Nation n'avoit aucun intérêt à prendre connoissance de ces démembremens; elle avoit pour garant de leur médiocrité l'intérêt particulier du Roi, qui ne pouvoit faire de grands sacrifices qu'en se condamnant à de grandes privations. Depuis que le despotisme ministériel a confondu le domaine royal avec le revenu public, pour pouvoir dissiper l'un & l'autre avec plus de liberté, les apanagistes ont trouvé dans cette confusion l'avantage de rendre leur sort plus favorable ; dès que leur traitement a cessé d'influer sur les jouissances du Monarque, ils n'ont dû éprouver de sa part aucune résistance pour les empêcher de franchir les bornes dans lesquelles ils étoient autrefois contenus.

Tous les apanages actuels ayant été établis depuis cet état de confusion, les Représentans de la Nation manqueroient à leur devoir, s'ils négligeoient de s'occuper de ce que, pour les former, on a distrait du revenu public ; ils y causent un vide qui ne peut être rempli que par de nouvelles impositions, dont la Nation a le droit de juger les motifs.

C'est au même titre qu'elle doit prendre connoissance des aliénations, & des échanges des anciens domaines de la Couronne, ainsi que des nouvelles acquisitions qu'on lui a fait faire. On a bien droit de présumer qu'il n'est aucun de ces marchés qui ne renferme une lésion révoltante lorsqu'on les examinera. On reconnoîtra jusqu'à quel excès la cupidité peut se porter, & toutes les ruses de l'intrigue, pour abuser de la bonne foi.

Ces traits révoltans éclateront encore plus dans les actes d'acquisitions qu'on a persuadé de faire, que dans ceux d'échanges & d'améliorations. La gêne que met dans ceux-ci, la nécessité des rapports d'experts & des enregistremens, est une espèce de frein qui oblige à ménager quelques apparences d'équité ;

d'équité; mais pour ceux-là, il n'en eſt aucun pour contenir des vendeurs qui peuvent impunément fouler aux pieds tous les droits de l'équité.

S'il n'eſt aucun de ces traités qui puiſſent ſoutenir les regards de la juſtice, la Nation doit s'empreſſer de les annuller.

C'eſt par ce dernier acte d'intégrité, que les Etats-Généraux doivent finir de conſtater le véritable état de la dette publique, après en avoir diſtrait tout ce qui doit ceſſer d'y être compris, & ſur-tout ces derniers objets, qui, malgré leur déguiſement, en étoient une portion très-onéreuſe; elle doit être reconnue & déclarée dette nationale : tous les différens engagemens ſeront ſanctionnés ſous la forme de contrats, avec l'intérêt qui doit leur être attribué.

On jugeroit mal de l'ardeur qu'on témoigne pour réintégrer la Couronne dans la jouiſſance de ces domaines, ſi on en concluoit qu'on attache un grand prix à leur conſervation. La juſte crainte des détériorations inévitables que doivent éprouver ces propriétés, par l'impoſſibilité d'être ſurveillées par l'œil du maître, qui eſt le ſeul qui ſache bien voir, par les infidélités auxquelles on doit s'attendre avec des régiſſeurs cupides, les dépenſes conſidérables que la régie même la plus honnête doit coûter; enfin le renouvellement des mêmes abus qu'on achevera de réformer, & qui doivent ſe renouveller ſous des Princes foibles & paſſionnés; ces conſidérations ſuffiſent pour découvrir l'avantage que la Nation doit retirer de leur aliénation totale. Si elle peut réuſſir à faire partager ſes ſentimens par le Roi, & à obtenir ſon conſentement en expoſant les motifs qui la déterminent, elle doit offrir de lui donner un revenu, égal à celui qu'il peut obtenir par la régie la plus intègre & la moins diſpendieuſe.

Le principe de l'inaliénabilité de ces domaines ne pourra s'oppoſer à cette opération dès qu'il ſera détruit par le même pouvoir qui l'avoit établi, par le concours de l'autorité du Roi & du conſentement de la Nation.

Il eſt cependant dans ces propriétés deux objets qui paroiſſent devoir être exceptés; ce ſont les futaies avec les mouvances féodales & cenſuelles. La réſerve des premières intéreſſe eſſentiellement la marine royale, & les conſtructions diverſes dans l'intérieur du Royaume. Il eſt de la prudence de ne pas répandre les ſecondes dans le commerce, afin d'être en état de profiter du progrès des lumières lorſqu'elles auront diſpoſé les eſprits à déſirer l'extinction totale du régime féodal.

On préparera cette heureuſe réforme, en vendant toutes ces propriétés *en franc-aleu*, en leur conſervant l'affranchiſſement dont elles jouiſſent dans les mains du Roi. Ce précieux avantage les fera acheter plus cher que si on comprenoit dans leurs ventes les mouvances qui y sont attachées. Pour les porter au plus haut prix possible, on doit donner la liberté de les payer avec des contrats de rente reconnus dans la masse de la dette, ou avec des espèces pécuniaires; il en coûtera moins de recevoir des contrats que de l'argent, qu'il faudroit ensuite donner pour faire les mêmes remboursemens. On diminuera par-là le travail, & l'on triplera la concurrence des acheteurs.

Cette ressource se présente naturellement pour commencer la libération de l'Etat; elle peut en effectuer une partie très-considérable.

ART. VIII.

Du paiement annuel de la dette nationale.

Au même instant que la Nation se fait un devoir d'acquitter la dette publique en la reconnoissant pour dette nationale, elle acquiert le droit de remplir son engagement, sans pouvoir être gênée dans les dispositions qui lui paroîtront les plus favorables. Elle préférera sans doute celles qui seront pour elle les plus faciles & les moins dispendieuses, &, pour les créanciers, les plus commodes & les moins compliquées. Pour réunir ces avantages réciproques, elle s'empressera de substituer une administration bienfaisante au régime

obſcur & fiſcal qui ſe trouve concentré dans l'
capitale.

Il eſt facile de diſtribuer la maſſe totale de la dette entre les différentes provinces dans la proportion du produit de leurs impoſitions. Cet ordre de diſtribution doit être déclaré invariable, & chacune d'elles doit être ſeule comptable de la charge qui lui aura été aſſignée. En les mettant ainſi à l'abri de tout rejet & de tout recours entre elles, on donne la plus grande activité à leur intérêt particulier ; on ôte à chaque province toute inquiétude ſur l'inconduite des autres ; on leur préſente en même-temps un attrait puiſſant dans l'affranchiſſement des impoſitions qui ſeront deſtinées au paiement des intérêts qu'elles ſeront chargées d'acquitter, pour les exciter à accélérer le rembourſement des capitaux.

On doit recueillir de cette diſpoſition les fruits les plus abondans : une grande partie des impoſitions ſera payée par des quittances réciproques, données par les receveurs & par les créanciers domiciliers. Avec les étrangers qui ne donneront pas les mêmes facilités, on n'aura pas beſoin de prendre les mêmes précautions qu'on prend aujourd'hui. On n'a point à craindre dans les provinces d'être trompé par les Citoyens, qu'il eſt aiſé de connoître. On payera avec confiance ; elle peut même s'étendre cette confiance juſqu'à autorifer les étrangers à réclamer leurs paiemens par des lettres de change à vue, pourvu qu'elles foient préfentées par des domiciliers connus & bien famés.

Plus d'immatricules, ni de procurations, ni d'agens intermédiaires; on fera difpenfé de toutes ces manœuvres, qui font des taxes affifes fur les rentiers; & dont l'Etat ne profite pas.

Un traitement auffi favorable pour les créanciers rendra leur fort fi affuré & fi avantageux, que le plus grand nombre s'empreffera d'en jouir. Sous très-peu de temps, les habitans de chaque province auront concentré entr'eux la maffe des créances qu'elle aura été chargée d'acquitter. La commodité feule de payer fes impofitions avec de fimples quittances, invitera le plus grand nombre à placer ainfi les capitaux dont il pourra difpofer.

Cette manutention ne peut être confiée à des mains plus sûres & plus défintéreffées, qu'aux Officiers municipaux de la ville capitale de chaque généralité. On ne fe trompera pas, en attendant de leur zèle qu'ils veilleront gratuitement fur les différens détails, & qu'ils fe borneront à demander le paiement des frais que coûteront les bureaux qu'il fera néceffaire d'établir.

CHAPITRE III.

ART. Ier.

Du Revenu public.

ON a dû convenir qu'on ne commenceroit à s'occuper du revenu public qu'après avoir posé toutes les bases de la nouvelle constitution. Il étoit essentiel d'écarter tous les objets qui pouvoient distraire l'attention qu'exige ce dernier travail ; on aura profité des besoins pressans de l'Administration, qui devoient l'exciter à faciliter toutes les opérations préalables, & à lever tous les obstacles qui auroient pu les retarder.

La Nation doit signaler le premier usage de son droit pour l'établissement des impositions, par ordonner la suppression de toutes celles qui existent, & elle établira aussi-tôt, sous les formes qu'elle jugera les plus convenables, les nouvelles taxes qu'il sera indispensable de percevoir. Il sera statué en même-temps que tous les impôts qu'elle aura consentis ne pourront être levés que pendant le temps qu'elle aura déterminé.

Cette opération embrasse quatre parties distinctes, 1°. la somme totale à laquelle le revenu public doit être porté ; 2°. le genre & la quotité d'impofitions qu'il faudra établir ; 3°. la forme de leur perception ; 4°. la comptabilité.

ART. II.

De la Mesure du revenu public.

Après avoir réduit la dette nationale à fon vrai taux, après avoir déterminé le montant des penfions qui feront confervées, après avoir fouftrait, à peu de chofes près, la fomme d'intérêts que la vente des domaines de la Couronne doit amortir, on aura exactement fous les yeux toutes les parties de la charge extraordinaire que la Nation aura confenti de fupporter. Il ne s'agira que de fournir les moyens d'acquitter l'engagement qu'elle aura contracté : ils feront une partie diftincte & extraordinaire du revenu public.

Dans le cas où le Roi aura confenti l'aliénation de fes domaines, il faudra encore s'occuper de la portion du revenu qu'on fera convenu de lui fournir pour la dépenfe de fa perfonne, & pour celle de fa famille.

Le montant de ces deux contributions fera confidérable, fans doute ; cependant on n'aura encore rien fait pour les befoins de l'Adminiftration : ils font l'objet effentiel fur lequel tout le monde doit alors concentrer fes regards. On doit attendre de la générofité des Citoyens, qu'ils fe prêteront à faire les plus grands efforts pour entretenir l'ordre, la sûreté, & les principales communications dans l'intérieur du Royaume ; mais ils doivent commencer par faire déterminer, par une économie éclairée, ce que ces différens ſervices peuvent exiger. Ils doivent conſentir à tout ce qui ſera reconnu évidemment néceſſaire, mais ils doivent ſupprimer tout ce qui ſera reconnu ſuperflu.

Les différens objets de la dépenſe du Gouvernement conſiſtent dans les départemens de la guerre, de la marine, des affaires étrangères, dans les conſeils fixés auprès du Roi, dans les délégués envoyés dans les provinces pour entretenir l'ordre public, dans les frais pour les propriétés publiques; ſavoir, les ponts & chauſſées, quais, halles, &c. Que de réflexions! que de changemens ſe préſentent aux yeux de la Nation, qui ne doit être occupée que de l'intérêt général! C'eſt ici qu'elle eſt convaincue des abus inſéparables d'une adminiſtration miniſtérielle. Elle verra que dans ces dépenſes tout eſt forcé, ou à contreſens; que le crédit de chaque Miniſtre a toujours prédominé ſur les beſoins, & que le néceſſaire a toujours été ſacrifié au ſuperflu. On ne ſauroit apporter trop d'attention pour déterminer ces différens excès: chaque partie exige un examen particulier.

§. Ier.

Département de la Guerre.

L'état de la guerre, que l'ambition & une fauſſe politique ont, depuis plus d'un ſiècle, combiné ſur des projets d'attaques & de conquêtes, doit être réduit au beſoin d'une défenſe ſimple, mais redoutable. Depuis M. de Choiſeul, il a été augmenté ſucceſſivement & ſans motifs raiſonnables, puiſque l'on jouit, depuis plus de vingt-cinq ans, d'une paix conſtante; elle n'a été interrompue que par la guerre entrepriſe pour les Inſurgens. On penſe que cet état doit être rétabli comme il étoit porté ſous le miniſtère du Marquis d'Argenſon. Il ne doit y avoir de différence que pour l'augmentation du traitement accordé aux Officiers ſubalternes & aux Soldats. Les mêmes raiſons ne militent point pour les Colonels & les Officiers généraux; ceux-ci étant choiſis dans la claſſe de la Nobleſſe la plus diſtinguée & la plus opulente, l'accroiſſement de leur traitement a été une profuſion de la faveur. Leurs richeſſes en diſpenſoient, leur peu de réſidence au corps qu'ils commandent leur ôtoit le droit de le ſolliciter; & ſi cette privation eût été un moyen de prévenir cet eſprit qu'ils répandent & qui les anime, c'étoit un motif de la leur faire ſubir.

Un Officier général doit être ſatisfait du grade dont il eſt décoré ; comment y a-t-on pu ajouter des émolumens au moment qu'on l'a diſpenſé de tous frais de déplacemens ? On ne doit excepter de cette diſpoſition générale, que les Officiers qui ſeront parvenus des grades ſubalternes à ce degré d'élévation ; ils ne ſont point cenſés être aſſez riches, pour refuſer dans leur retraite d'augmenter un peu leur aiſance.

Ce qui paroîtra le plus ſuſceptible de réforme, c'eſt la multiplicité abuſive & ruineuſe des Etats Majors de places. On a créé, ſans motifs & ſans meſures, des commandemens ; il n'eſt point de villes ſur les frontières où l'on ne trouve aujourd'hui l'établiſſement de ces nouveaux poſtes, quoique l'inutilité de leurs fonctions diſpenſe toujours d'y paroître, ceux qui ſont cenſés les remplir.

La Nation pourra-t-elle approuver les petites vues du deſpotiſme qui ont doublé la dépenſe, en ſubſtituant, dans les villes de guerre & dans les provinces, des Commandans aux anciens Gouverneurs, dont il n'a pas oſé ſupprimer les titres & les appointemens ? Pour peu qu'on creuſe dans ce nouveau gouffre de la dépenſe publique, on ſera ſurpris de la quantité de richeſſes qui s'y engloutit, & qu'une ſage économie doit réſerver à la Nation.

L'union intime qui va ſe former entr'elle & le

Souverain, doit bannir les ſujets d'inquiétude qui ont introduit des troupes étrangères. Avec une population auſſi nombreuſe, & la plus grande ardeur pour le ſervice militaire, il eſt douloureux pour des François d'être obligés de partager avec des étrangers l'honneur de défendre la Patrie. Il eſt injuſte & offenſant pour eux de ſe voir enlever des places qu'ils méritent, & qu'ils deſirent; ils ont d'autant plus droit de ſe plaindre de cette préférence, qu'ils en ſont les victimes par le ſurcroît de dépenſe qu'elle leur coûte. La Nation ne peut voir qu'avec beaucoup de regrets le pouvoir arbitraire & abſolu que le miniſtère de la guerre s'eſt arrogé. La prétendue néceſſité d'établir une diſcipline ſévère, n'eſt que le prétexte dont il s'eſt ſervi pour faire ramper la Nobleſſe à ſes pieds. La diſpoſition de toutes les places de commandement qu'il s'eſt réſervées lui répond de l'aſſerviſſement de la première claſſe de la Nobleſſe, qui n'a toujours compté pour ſon avancement que ſur l'intrigue & ſur la faveur. Il eſt bien sûr d'enchaîner, par le beſoin, la Nobleſſe pauvre, & de lui faire dévorer tous les déſagrémens qu'il voudra lui faire éprouver. Il exclut, à la vérité, par ce ſyſtême, toute la Nobleſſe du ſecond ordre; elle a trop peu de crédit pour mériter à ſes yeux le moindre ménagement, & trop d'aiſance pour ſe ſoumettre au joug qu'il veut lui impoſer; ſa retraite eſt l'objet de ſes deſirs, parce qu'il n'a pas de moyens pour triompher de ſon indépendance. Il aime mieux priver l'Etat de ſes ſervices, qui lui ſeroient les moins coûteux, que de s'expoſer, en les lui ménageant, à éprouver la moindre réſiſtance à ſa volonté.

Ce n'eſt que dans les doléances les plus reſpectueuſes, que les Etats-Généraux doivent exprimer au Roi le mécontentement général des Officiers ſubalternes; ils n'ont aucun droit de contredire les plans de la diſcipline militaire: mais la confiance des enfans dans la bonne volonté d'un père les autoriſe à épancher dans ſon cœur leurs allarmes & leurs deſirs. Ils peuvent, ſans craindre de lui déplaire, lui repréſenter que la ſévérité de la diſcipline, que les étrangers peuvent ſupporter, ne peut convenir au génie François, & qu'elle n'a ſervi qu'à inſpirer du dégoût pour le ſervice, que pour ſoutenir le zèle & l'émulation, l'avancement doit être plutôt aſſuré au mérite par le ſuffrage de ſes pairs, ou par l'ancienneté de ſervices, que par la protection partiale des ſupérieurs; que les armées qu'on prétend former aujourd'hui ne vaudront ſûrement pas mieux que celles qui ont remporté tant de victoires ſous les Turenne, les Condé & les Luxembourg. La crainte reſſerre les facultés de l'ame; elle lui ôte cette énergie qui conſtitue le vrai courage; elle peut parvenir à forcer des efclaves à se laisser égorger, mais elle ne réussira jamais à former des soldats valeureux qui sauront braver la mort par des motifs de générosité.

Les milices, telles qu'elles existent aujourd'hui, sont un attentat contre le droit de la liberté individuelle; elles sont en même-temps un impôt établi sur la société. Par ces effets, elles blessent deux loix fondamentales & constitutionnelles. La Nation est donc fondée à demander leur suppression; sa réclamation doit éprouver peu de résistance, parce que son intérêt l'engage à proposer un remplacement qui sera plus avantageux.

Au lieu d'employer la violence pour arracher les enfans du sein de leurs familles, qui, pour pouvoir les y soustraire, s'épuisent par des contributions auxquelles elles s'assujettissent, il faut offrir aux habitans de la campagne un attrait qui les invite à se présenter eux-mêmes. En profitant de leur bonne volonté, on réussira facilement à former une milice nationale qui augmentera beaucoup la force publique, & qui pourra rendre de grands services à la société.

On ne peut pas développer ici ce plan; on doit se borner à en tracer une esquisse. On propose de fixer, dans les paroisses de la campagne, des soldats nationaux, & d'en déterminer le nombre en raison de deux par lieue quarrée; les paroisses seront engagées à les fournir de leur choix. Pour le favoriser, il suffira d'assurer à chacun d'eux la demi-paye ordinaire pendant le temps de leur engagement, & après huit années une retraite de 400 l. dont 100 liv. représenteroient le prix de leur engagement qu'on leur auroit conservé; les trois cents autres livres seroient l'indemnité de la seconde moitié de la paye dont ils auroient été privés, & qu'on leur auroit économisée. Pendant l'hiver & pendant les récoltes, ils resteroient chez eux pour les travaux agricoles; ils y pourroient servir en même-temps de gardes pour la sûreté intérieure. Pendant six mois, ils seroient employés aux travaux des routes & des canaux, avec des salaires égaux à ceux qui seroient accordés à d'autres ouvriers. On les feroit camper pendant ce temps; on n'auroit point à craindre avec eux les suites funestes de la dépravation des soldats, corrompus par les vices des villes. Il suffiroit de les réunir pendant le mois de l'année où il y a le moins de travail, pour les exercer aux évolutions militaires, & pour les former à la discipline.

On n'auroit besoin que d'un petit nombre d'Officiers pour les commander pendant le temps des exercices & celui des travaux : ceux-ci se contenteroient du tiers des appointemens des autres Officiers; le peu de déplacemens que leur service exigeroit, l'agrément de ne s'éloigner jamais beaucoup de leurs propriétés, feroient rechercher ces places avec empressement, pourvu qu'on fût assuré de recevoir la décoration militaire au terme fixé pour les Officiers des troupes ordinaires.

En combinant bien toutes les parties de ce plan, on se procureroit une milice nationale composée de soixante-douze mille hommes, dont toute la dépense, y compris le traitement de retraite assuré aux soldats, ne monteroit pas à seize millions. Si on réduisoit les troupes réglées au nombre nécessaire pour la garde des principales places situées en première ligne, & qui sont les seules qu'il est important de conserver, on économiseroit au-delà de la dépense de cette milice; elle fourniroit des soldats qui égaleroient les autres en bravoure, mais ils les surpasseroient, ce qui est bien essentiel, par une constitution saine & robuste qui leur feroit supporter aisément toutes les fatigues de la guerre.

§. II.

Département de la Marine.

On sera obligé de se prêter encore long-temps à la prévention commune qui attribue une grande importance à la marine militaire. Tant que les connoissances du véritable intérêt du commerce n'auront pas dissipé l'esprit de monopole qui passionne presque toutes les nations, on ne peut refuser de faire la dépense d'une marine formidable;

mais du moins cette dépenſe doit être bornée par toutes les reſſources que peuvent ménager une grande intelligence, & ſur-tout une grande intégrité. La Nation doit déterminer les moyens qui lui paroîtront les plus propres pour multiplier les conſtructions, en diminuant leurs frais.

Si l'on n'eſt pas en état de ſolder un corps de matelots qui ſeroit uniquement attaché à la marine militaire, l'intérêt du commerce réclame vivement la ſuppreſſion de la nouvelle extenſion des claſſes, qui commence par lui cauſer beaucoup plus de dommages dans l'intérieur qu'elle ne peut lui procurer d'avantages au-dehors. Ce nouvel établiſſement eſt un abus de l'autorité, & l'effet des vues bornées de ceux qui l'ont ſollicité; il prouve que ceux-ci n'ont vu que la choſe qu'ils deſiroient, & qu'ils n'étoient pas en état d'en découvrir les reflets.

On doit s'élever de même contre les réglemens abſurdes qui ont obligé de prendre un certain nombre d'élèves ſur chaque bâtiment du commerce. Le faux prétexte de former des matelots a fondé un titre au monopole, & aſſujetti le commerce à une contribution. Le privilège qu'il a fait accorder aux vaiſſeaux nationaux, pour le tranſport des productions territoriales, en a dû renchérir les frais aux dépens de la valeur naturelle des productions exportées.

§. III.

§. III.

Département des affaires étrangeres.

On n'analysera pas les rapports qu'on entretient avec les Cours étrangères. La loi inviolable qu'on se sera imposée, & qu'on leur aura fait connoître, de ne soutenir jamais que des guerres défensives, dissipera les trois quarts des négociations que la politique moderne a su multiplier. La dépense de ce département doit conséquemment être reconnue susceptible d'une très-forte réduction. On doit borner les ambassades aux seules grandes puissances qu'on croit encore avoir intérêt de ménager & de surveiller : toutes les autres députations doivent être aussi-tôt supprimées ; elles ne sont que des places de faveur que la Nation ne doit point conserver à ses dépens. Elle ne peut être contrainte de fournir à ceux qui seront conservés qu'une rétribution suffisante pour les soutenir dans un état de décence, mais elle doit retrancher tout ce qu'on y a ajouté pour être prodigué aux profusions du luxe.

§. IV.

Conseils fixés auprès du Roi.

Après que la Nation aura été réintégrée dans le droit de remplir, par ses Etats Provinciaux, les parties les plus essentielles de l'Administration, leurs Députés qui seront fixés au pied du Trône rendront inutiles presque tous les services que sont censés rendre aujourd'hui, dans les différens conseils, la foule des Magistrats qui les composent, & qui font payer bien cher à l'Etat le rôle de simples agens passifs des Ministres. L'inutilité manifeste de leur attribution, fera décider par acclamation leur suppression totale.

De tous ces conseils, on ne voit à conserver que celui qui, sous les yeux du Roi, veille sur l'administration de la justice; mais il paroît qu'il doit être organisé d'une manière bien différente. Pour le composer de Magistrats dignes de la confiance du Roi & de celle de la Nation, il semble qu'on ne devroit y appeller que des Membres distingués des Cours souveraines; elles devroient en présenter chacune un ou deux qui seroient envoyés par eux auprès du Roi pour y former son conseil de législation civile & criminelle, ainsi que les Députés des Etats Provinciaux y formeront celui de l'administration générale. On pourra se flatter d'avoir ainsi réuni les lumières & l'intégrité qu'on doit desirer pour infirmer les arrêts qui auront produit une juste réclamation, & pour préparer la réforme des loix anciennes & la création des nouvelles qui seroient présentées à l'Assemblée des Etats-Généraux, pour décider sur les motifs que les observations & l'expérience auront fait juger nécessaires.

Que de différence entre un pareil conseil, & ceux que l'autorité arbitraire a multipliés à grands frais! L'argent & la faveur retirent du sanctuaire des loix des jeunes gens avant qu'ils en aient acquis une connoissance même superficielle; ils les perdent aussi-tôt de vue pour recevoir les leçons du despotisme ministériel; ils sont ensuite envoyés dans les provinces pour en être les agens; ils finissent par être rappellés dans ces conseils, & par en être simplement les organes.

§. V.

Des Gouverneurs & des Intendans.

C'est pour jouer ces différens rôles, qu'on a créé les Intendans. Leur dépendance absolue du ministère leur a fait attribuer successivement toutes les fonctions civiles des Gouverneurs de province, dont l'inamovibilité autorisoit la fermeté, & même la résistance, contre les abus du pouvoir. On est parvenu à dépouiller ceux-ci de presque tous leurs droits; on les a réduits à un simple titre de décoration; on leur a conservé leurs émolumens pécuniaires, qui sont une surcharge supportée par la Nation.

Le Roi, sans doute, doit être le maître de

choisir entre les Gouverneurs & les Intendans ceux qu'il lui plaira de préférer. Son choix entre ces deux offices lui est indifférent ; mais il est très-intéressé à ne les pas payer en même-temps tous les deux ; pourvu qu'il ne lui en coûte qu'un salaire pour le même genre de service, le titre sous lequel il lui sera rendu lui importe aussi peu que l'état de la personne qui doit le lui rendre.

§. VI.

Les Haras.

Parmi la foule des autres abus qui doivent être supprimés, les *haras* se font distinguer par des traits qui doivent donner à la Nation le plus grand empressement de les détruire. Ils ne doivent leur établissement qu'au prétexte spécieux d'embellir en France la race des chevaux ; mais qu'on consulte toutes les provinces, & l'on sera convaincu que son effet a été d'en détruire la moitié de l'espèce, d'avoir porté le reste à un prix très-onéreux pour la culture & pour le commerce, & que pour souffrir des dommages aussi déprédateurs, il en coûte beaucoup de dépense pour salarier ceux que la faveur a chargés de cette inspection, & au profit desquels on sacrifie d'aussi grands intérêts.

§. VII.

Les propriétés publiques.

On a peine à imaginer combien, dans un état d'opulence, une Nation éclairée sur ses véritables intérêts doit distraire sur le revenu public pour multiplier ces différentes jouissances; dans un état même d'épuisement, elle doit faire les plus grands efforts pour s'en procurer le plus qu'il sera possible. On doit faire déterminer les différentes entreprises par une prudence généreuse, qui, pour décider son choix, ne consulte que le plus grand degré d'utilité.

En considérant leurs différens rapports avec l'intérêt général, on se réunira aisément pour fixer l'ordre de ces dépenses en raison des sommes qu'on peut y employer.

Les transports par eau, comme étant les moins dispendieux, paroîtront à ce titre mériter la préférence. Ainsi la navigation de toutes les rivières qui en sont susceptibles, l'établissement des canaux qui établiront entr'elles une communication, présenteront tant d'avantages sur les routes ordinaires, qu'on ne doit pas hésiter à leur assigner tous les fonds dont on pourra disposer au-delà de l'entretien de celles de ces routes qui se trouvent construites. On s'interdira la liberté d'en ouvrir de nouvelles avant d'avoir rempli cette première tâche. A cette époque, on les multipliera avec d'autant plus de facilité, qu'on pourra y employer les fonds des premiers travaux, & qu'on pourra y ajouter le produit de l'accroissement des richesses qui en aura été le fruit.

On s'est donc conduit en raison inverse de l'intérêt général, en commençant les travaux publics par la construction des routes. Cette méprise a coûté des sommes considérables, sans procurer beaucoup de bien par l'excès de dépense qu'exigent les transports par terre. Cet excès retient dans un grand avilissement de valeurs les productions communes, telles que les foins, les bois, &c.; elles ne peuvent en soutenir les frais au-delà d'une foible distance. D'ailleurs ces routes étant presque le seul débouché du commerce, leur entretien est nécessairement très-dispendieux; elles doivent souffrir chaque année de très-grandes dégradations par la quantité prodigieuse de voitures qui sont forcées de les parcourir.

Ces dégradations diminueront en raison du progrès des travaux pour les communications par eau : on peut parvenir au point de réduire les grandes routes à la seule commodité des voyageurs. Elles ne seront utiles au commerce que pour les foibles trajets qu'il lui faudra faire pour aborder aux rivières & aux canaux. On pourra alors en ouvrir autant qu'on en pourra desirer; car leur entretien sera très-peu coûteux.

On n'entrera pas dans un plus grand détail sur les bénéfices qu'il est indispensable de procurer à la Nation par les réformes & les économies qu'on peut étendre sur presque toutes les branches différentes de la dépense. Il y auroit de l'indiscrétion à vouloir les déterminer; mais on ne croit pas qu'il y ait de l'illusion à présumer, que si on profite de toutes les ressources dont on pourra disposer, on ne parvienne aisément à faire disparoître tout l'obscur du *deficit* dont on a essayé de faire un piège que la société a heureusement évité. En réunissant les arrêtés pour les charges extraordinaires qui vont constituer la dette nationale à ceux des dépenses qui ont été jugées nécessaires pour les besoins de l'Administration, on ne doute pas que le montant actuel du revenu public ne soit trouvé suffisant.

C'est ce terme qu'on doit se proposer d'atteindre; c'est pour y arriver sûrement, que les Représentans de la Nation doivent se roidir contre toutes les difficultés que les différens intérêts particuliers leur opposeront. Le prix de ce triomphe sera l'exemption des nouvelles charges que l'on peut encore redouter; ils se seront en outre ménagé les moyens de convertir les taxes les plus déprédatrices en des contributions plus simples & moins onéreuſes. Ce changement ſeul, ſans diminuer les ſommes verſées dans le tréſor public, diminuera beaucoup la maſſe des impoſitions, & il ſera le premier principe de la régénération des richeſſes.

ART. III.

Des ſources où l'on doit puiſer le revenu public.

Après la diſcuſſion rigoureuſe qui aura décidé les ſuffrages pour déterminer le taux auquel il ſera indiſpenſable de porter le revenu public, il ſera de la plus grande importance de diſcerner les ſources dans leſquelles on pourra le puiſer de la manière la plus juſte, la plus facile & la plus avantageuſe.

Cette connoiſſance exige la plus grande attention de la part des Etats-Généraux; elle meſurera le degré d'utilité de preſque toutes leurs opérations : il n'eſt rien de plus important que le parti qu'ils vont prendre. Ils ſont chargés d'établir le droit de la propriété foncière ſur ſa vraie baſe, de préſenter un attrait pour la régénération des richeſſes, en aſſurant la jouiſſance du fruit des avances qu'elle exige, de déterminer la quantité des taxes qu'on doit ſupprimer dès le premier inſtant ſans indiſcrétion, & de préparer d'une manière invariable l'ordre ſucceſſif de leur ſuppreſſion totale.

La moindre méprise peut mettre un obstacle à ces avantages ; cependant il est bien difficile de s'en garantir. On en peut juger par le nouvel ouvrage *sur les fonctions des Etats-Généraux*. Malgré la profondeur des connoissances de son Auteur, après sa conviction intime du reflet de tous les impôts indirects sur le revenu territorial, qui seul les paye tous complettement, il se déclare avec sécurité pour *une subvention territoriale déterminée à une somme fixe*. Si après avoir évité les principaux écueils on peut encore ainsi faire naufrage au port, que ne doit-on pas craindre du grand nombre qui ne connoît pas même la route qu'ils doivent tenir pour y aborder.

On veut bien supposer qu'on sera généralement assez éclairé pour avoir adopté le principe qui établit, *que les taxes indirectes ne doivent être que des supplémens de l'impôt territorial*. Lorsqu'on voudra procéder en conséquence, si l'on se détermine pour une somme fixe levée par une subvention territoriale, ceux qui voudront supprimer beaucoup de taxes indirectes porteront cette somme à un taux trop onéreux pour les propriétés ; ceux, au contraire, qui voudront réserver une trop forte partie de leur revenu, prétendront en même-temps qu'on doit éteindre beaucoup moins de charges fiscales. Dans ce partage d'opinions, chacun se croira autorisé à les soutenir ; des deux côtés, on se prévaudra de raisons spécieuses, mais personne n'en pourra donner de convaincantes.

Si chaque parti persiste dans sa prévention, il sera impossible de changer l'état actuel du désordre par l'opposition des résistances. De quelque côté que l'intrigue fasse pencher la balance, il en résultera, ou que l'on exigera directement des propriétés foncières plus qu'elles ne doivent, ou, en diminuant trop leur juste redevance, on les laissera trop en proie au régime fiscal, qui les spoliera indirectement plus que les circonstances ne l'exigent.

Dans ces deux extrémités, on sera bien éloigné de la constitution qu'on se seroit proposé d'établir; il est évident que le droit de propriété se trouvera réduit à un état mobile & précaire.

Pour prévenir l'effet funeste de ces deux excès, il est donc indispensable de connoître la vérité qui doit concilier ces prétentions opposées. Elle se borne, ainsi qu'on l'a exposé dans le discours préliminaire, à découvrir que le droit de la propriété consiste dans la jouissance d'un revenu égal à l'intérêt des dépenses avancées pour la création des différentes propriétés; que ce revenu doit être franc des frais de leur entretien, d'où il est évident que tout ce qui excède ces deux reprises, & la portion de la dixme peut être réclamé avec justice pour l'impôt territorial. Ce terme étant une fois posé, il suffira d'établir, par une loi constitutionnelle, qu'il sera une borne qu'on ne pourra jamais franchir; mais aussi qu'on ne pourra rien retenir de ce qui ne sera pas renfermé dans cette limite fixée par l'ordre physique. Par cette combinaison, on donnera à l'impôt territorial sa juste latitude, car on n'aura pas plus de raison pour l'étendre que pour le resserrer. En s'y conformant, on sera sûr de ne conserver précisément en taxes indirectes que ce que la surcharge de la taxe nationale ne permettra pas de supprimer. D'après cette discussion, on propose de réunir au dixième toutes les taxes comprises aux rôles des tailles dans les campagnes, & d'en faire une imposition unique assise sur les propriétaires.

Le taux de cette imposition sera uniforme, devant être par-tout combiné dans la même raison du produit net de chaque genre de propriétés. On a avancé dans le discours préliminaire, qu'on n'osoit pas fixer affirmativement ce taux commun; on s'est contenté de prévenir qu'on le croyoit devoir exister entre le quart & le sixième du revenu: on ne craint pas de conseiller de le fixer au cinquième. Cette proportion ne doit pas exciter de réclamation, si l'on considère que la dixme n'est point établie à sa valeur, & que les propriétés profitent de ce que cette redevance naturelle devroit ravir de leur revenu.

Il ſera difficile d'apprécier d'abord cette principale portion du revenu public. Le peu de connoiſſances que l'on a ſur les richeſſes des provinces en pays d'Etats, les ténèbres que des ménagemens injuſtes ont répandues ſur les biens du Clergé, ainſi que ſur ceux des Grands & des autres gens en place, retiendront pendant quelque temps dans l'incertitude. On ignorera de même les avantages qui réſulteront de l'aliénation des domaines de la Couronne.

On ne peut donc faire dans la première Aſſemblée des Etats-Généraux, que des arrangemens proviſoires relativement au revenu public. Il eſt indiſpenſable d'attendre que les Etats Provinciaux aient conſtaté clairement ce qu'on doit recueillir par l'impôt territorial aſſis ſans aucune exception ſur toutes les propriétés foncières, ſuivant le taux déterminé. Ce travail peut exiger deux années ; la réunion des Etats-Généraux doit être fixée à ce terme pour ſtatuer définitivement ſur les changemens & ſur les ſuppreſſions des taxes qui intéreſſent l'ordre & la proſpérité.

C'eſt avec raiſon que la Nation doit ſe flatter que ſes Repréſentans mériteront la confiance dont elle les aura honorés ; que leur zèle éclairé & incorruptible aura réuſſi, par les réformes & par les économies, à réduire la dépenſe publique au niveau du revenu actuel. Ainſi, pour le premier exercice de sa puissance, & pour en cimenter la plénitude sur ce point, les Etats-Généraux doivent commencer par supprimer tous les impôts qui existent aujourd'hui. Ils les récréeront aussi-tôt pour ne pouvoir être perçus que pendant le temps déterminé pour leur réunion.

Ils mériteroient cependant quelques reproches, s'ils suspendoient pendant cet intervalle de temps la jouissance des avantages qui peut se concilier avec notre situation. Pourquoi différeroient-ils la suppression des maîtrises & des communautés, dont le foible produit sera aisément compensé par celui de la capitation à laquelle les Membres du Clergé doivent être aussi-tôt assujettis, ainsi que les autres Citoyens?

L'abonnement offert par les communautés des taneurs suppléant exactement les taxes fiscales qui ont presque anéanti cette branche précieuse de notre industrie, c'est un devoir de les supprimer, & d'accepter l'indemnité qu'elles proposent. On doit profiter de même de toutes les demandes qui tendront à ranimer l'industrie, pourvu qu'il n'en résulte aucune diminution dans la recette du trésor public.

Mais ce que la Nation desire avec ardeur, & attend avec impatience, c'est de connoître les soulagemens que le nouvel ordre doit lui procurer. Cette perspective sera un véhicule pour accélérer le travail de l'impôt territorial, & pour faire éclairer les déclarations par tous les Citoyens.

On peut tracer d'avance le plan des opérations, conditionnellement au produit constaté de l'impôt territorial. Ce tableau donnera autant de satisfaction que de sécurité. A la vue des taxes indirectes les moins onéreuses, dont on sera forcé de continuer pendant quelque temps la perception, on y sera peu sensible ; on jouira d'avance du bien-être qui se verra assuré par la suppression des impôts les plus déprédateurs.

Telle est l'idée des supplémens qu'il faudra ajouter pendant quelque temps à l'impôt territorial, pour completter la mesure nécessaire du revenu public.

Une taxe sur les loyers des maisons dans les villes & dans les campagnes, en exceptant les bâtimens des fermiers, dans une raison égale à celle qui aura été assise sur le revenu des biens-fonds. On convient que ces loyers ne donnent qu'un faux revenu, que leur estimation forme un double emploi dans l'inventaire de la richesse nationale ; mais dans la nécessité de supporter une surcharge momentanée, il paroît qu'ils doivent en fournir la première partie. Leur ressemblance avec les vrais revenus offre une prise aussi facile & aussi peu dispendieuse : il en est de même de la capitation. Cet impôt est très-vicieux, sans doute ;

mais il est simple, & d'une perception directe.

Si l'on met autant d'intégrité que de lumières pour puiser dans ces trois sources tout ce qu'elles peuvent produire, on ne doute pas qu'on ne double les sommes qu'on en retire aujourd'hui. Cette présomption est assez bien fondée pour autoriser à annoncer une partie des suppressions que l'on se trouvera en état de faire. Sans crainte d'exagération, on pourra désigner :

1°. La Loterie royale, qui joint à une iniquité révoltante une cause de la ruine des dernières classes de la société, & qui en altère essentiellement les mœurs.

2°. Toutes les taxes comprises dans le bail de *la régie des aides*, ainsi que celle sur les vins aux entrées de Paris perçue par la Ferme générale. Il n'est aucune de ces impositions qui ne soit un principe de dégradation de la culture.

3°. Les grandes & les petites gabelles.

Ces premières opérations suffiront pour ranimer les germes desséchés des principales productions du territoire : on ne tardera pas long-temps à jouir des succès dont on aura su préparer ainsi les causes. Ces succès sont si assurés, qu'on pourroit tracer avec autant de sécurité que de complaisance l'ordre successif de l'extinction de tout le régime fiscal. On est sûr d'en trouver les moyens dans les augmentations du produit de l'impôt territorial, dont le taux proportionnel aura été déclaré invariable : ces augmentations seront les fruits prompts & abondans de la régénération des richesses.

Art. IV.

De l'assiette des impositions.

C'est essentiellement & uniquement aux Etats Provinciaux que doit être attribué le droit d'asseoir la redevance proportionnelle du revenu territorial, de celui du loyer des maisons, & la capitation. L'exercice de ce droit incontestable rend absolument superflu le ministère des Intendans, & celui de tous les suppôts du conseil : leur salaire ne pourroit donc être qu'une profusion de la faveur ministérielle à laquelle la Nation ne peut être forcée de se prêter.

On ne doit pas se dissimuler que les premières opérations seront assez difficiles ; il faudra entrer dans bien des détails, tant pour connoître l'étendue de chaque possession, que la qualité du sol qui la compose.

Il est plusieurs moyens de rendre ces opérations uniformes & assez simples. L'exacte précision qu'on se proposeroit d'établir par des plans & par des arpentages, seroit un travail long, dispendieux, & dont on peut se dispenser. On agira avec autant de sûreté, en prenant l'intérêt particulier des propriétaires

priétaires pour garant de la sincérité de leurs déclarations.

Les loix ne doivent point protéger les propriétés qu'on prétend soustraire à la redevance naturelle dont elles sont tenues envers la protection publique. En conséquence de ce principe de l'ordre social, il doit être ordonné que l'on ne pourra se pourvoir en justice contre l'usurpation des portions de domaines qui n'auront point été comprises dans leurs déclarations. Cette seule précaution suffit pour que chaque propriétaire mérite la plus grande confiance. Il n'en est aucun qui puisse balancer entre la perte du fond qu'il aura refusé de découvrir, & la privation seulement d'une partie de son revenu. Cette loi sera un moyen de former les cadastres de chaque paroisse avec beaucoup de célérité.

Chaque propriétaire s'empressera de fournir l'état des différentes portions de terre qui lui appartiennent; il désignera les cantons où elles sont situées, ainsi que les bornes qui les circonscrivent. Aussi-tôt qu'il aura rempli cette tâche, le cahier qu'il remettra sera déposé dans le registre qui doit être affecté à chaque paroisse; leur réunion fournira tous les élémens nécessaires pour en former le cadastre. On enjoindra alors aux Membres de son comité particulier de la diviser en autant de cantons qu'ils le jugeront convenable, de remplir ces divisions des différentes parties de domaines qui y sont enclavées, d'y ranger à leur vraie place toutes celles dont on leur aura remis les déclarations, & de désigner les différens genres de leurs productions.

Cette manière d'opérer est si expéditive, elle applanit tant de difficultés, qu'on n'apperçoit aucun motif qui puisse empêcher les Etats-Généraux de l'adopter, & d'en faire un plan de conduite uniforme pour les Etats Provinciaux.

Dans toutes les paroisses dont le terrein est exploité par la grande culture, ou presque toutes les propriétés sont affermées, on ne doit pas chercher d'autres renseignemens que ceux qui sont consignés dans les baux; on y trouvera des connoissances suffisantes pour estimer le revenu des terres qui n'y seront point affermées, en rapprochant le plus possible leur qualité de celle dont les baux attesteront la valeur. On ne sera point exposé à des erreurs importantes.

S'il y existoit cependant quelque genre de productions dont aucune ne seroit affermée, telles que des bois, des prés, &c. il sera facile d'en découvrir la vraie valeur par des inventaires qui distingueront avec exactitude les reprises de la culture de son revenu réel.

Avant de se transporter dans les différentes paroisses, il sera nécessaire d'avoir préparé le travail de son imposition par de simples formules d'estimations des produits de leur culture ; il ne coûtera, pour en connoître le vrai revenu, que d'en varier l'application suivant les valeurs locales, & les degrés de fécondité de leur territoire.

Ces formules seront sur-tout indispensables pour les cantons où les propriétaires partagent la récolte en nature avec les fermiers, & spécialement dans les pays de petite culture ; la terre y est, pour ainsi dire*, stérilisée par la pauvreté des cultivateurs. On y découvrira des vérités douloureuses, & presque inconnues ; on se convaincra qu'il est des degrés d'appauvrissement des cultures misérables, où il n'existe plus de revenu réel ; qu'on s'y fait illusion en lui attribuant l'intérêt des foibles cultivateurs ; qu'il en est même auxquelles il faut sacrifier une quantité assez considérable de productions spontanées, & qui forment chaque année une partie de leurs avances.

La taxation des maisons ne doit pas faire éprouver beaucoup de difficultés ; les baux de ceux qui les louent en déterminent le prétendu revenu : ils doivent servir pour estimer celles qui sont habitées par leurs propriétaires. Leurs titres d'acquisition, ou de partage, justifieront les valeurs que les comparaisons auront fait présumer. Il y auroit trop de rigueur dans une recherche plus approfondie ; le peu de profit qu'on en retireroit, ne dédommageroit pas des murmures qu'elle exciteroit. Ce qui constitue le vice principal de l'impôt de la capitation, c'est qu'on ne peut saisir une base solide pour le distribuer & pour l'asseoir ; on ne peut se conduire que par des probabilités. Cette incertitude le rendroit odieux, s'il n'étoit pas très-modéré; il seroit indiscret, & peut-être dangereux, de fixer pour son assiette un plan de conduite uniforme. On doit s'en rapporter aux lumières & à la prudence des Etats de chaque province pour la modifier de la façon la plus équitable, & la plus convenable à la manière d'être de ses habitans.

On doit mettre autant de soins que d'activité pour terminer ces différentes opérations; c'est de leur résultat que seront composés les rôles de ces trois différens genres d'impositions. Avant d'en faire la perception, il en sera présenté à l'ouverture de la seconde Assemblée des Etats-Généraux un extrait fidèle; leur réunion formera la boussole qu'ils ont desirée & attendue pour diriger leur marche, & pour éclairer leurs délibérations.

ART. V.

La perception des Impôts.

Quoique la perception des taxes indirectes consenties par les Etats-Généraux semble devoir être étrangère à ceux qui seront établis dans chaque province, on doit cependant leur attribuer le droit de veiller sur les agens de leur recette. Il n'appartient qu'à eux d'interpréter l'esprit des loix émanées de la Nation elle-même ; ils doivent juger l'étendue où les bornes que l'on a voulu leur donner réellement, s'opposer à tous les abus que la cupidité tenteroit d'introduire, & sur-tout aux extensions que l'autorité prétendroit favoriser.

Les Etats-Généraux étant les seuls juges compétans de ces objets essentiels, c'est à ceux des provinces qu'il convient de les suppléer pendant leur séparation ; ils sont les dépositaires naturels de leur autorité : ils trahiroient leur confiance, & l'intérêt général, s'ils mettoient dans cette inspection moins d'activité & moins d'étendue.

Ils en auront une plus immédiate & plus facile sur les impositions, dont ils arrêteront eux-mêmes les rôles. On ne croit pas qu'on puisse en confier mieux la perception qu'aux Officiers municipaux de chaque ville où il se trouve des Tribunaux d'élection. Proposer les hôtels-de-ville pour payer les intérêts de la dette nationale, c'étoit les indiquer pour la recette des impôts dépendans des Etats Provinciaux. Ces deux fonctions ont tant d'analogie entr'elles, qu'on ne peut les séparer sans en compliquer le travail, & sans le rendre plus difficile ; au contraire, leur réunion le simplifie & l'abrège.

Comment pourroit-on prétendre qu'un Citoyen isolé pût jamais mériter une égale confiance? L'intérêt, la cupidité seroient les seuls motifs qui exciteroient à briguer une telle place ; bientôt la faveur seule en disposeroit, & presque toujours l'intrigue l'emporteroit sur le mérite. D'ailleurs, un tel emploi donneroit à un seul homme plus de prépondérance qu'on n'en doit accorder dans une administration libre. On se flatteroit en vain que son amovibilité le tiendroit dans une dépendance qui préviendroit tous les inconvéniens qu'on pourroit redouter ; on reconnoîtroit bientôt qu'une telle présomption seroit illusoire. Un poste aussi important & aussi lucratif auroit toujours des protecteurs puissans ; celui qui le rempliroit pourroit-il en manquer? L'adresse & la corruption lui assureroient toujours un parti supérieur aux réclamations les plus justes. On se reprocheroit bientôt d'avoir ainsi placé un Citoyen entre son devoir & son intérêt particulier ; le premier seroit bientôt sacrifié au second : les contribuables auroient à se plaindre de la rigueur de la perception, ou la lenteur des remises autoriseroit les plaintes du Gouvernement.

Un Trésorier voyant que ses plus grands profits consisteroient dans l'intérêt qu'il pourroit retirer, du prêt des fonds publics, sauroit toujours éluder toutes les mesures qu'on essayeroit de prendre pour s'opposer à un abus aussi funeste. On procureroit de nouvelles forces à l'usure & à l'agio, ces deux fléaux de la société qu'elle a tant d'intérêt de détruire.

Tout change de face avec les municipalités des villes; le zèle & le patriotisme y garantissent l'intégrité & le désintéressement qu'on doit desirer. Il faudra seulement ajouter deux nouveaux membres à ceux qui les composent. Leur Corps doit être autorisé à prolonger, par une confirmation renouvellée tous les trois ans, ceux qu'ils auront chargés de ces nouvelles fonctions, & qui auront montré, en les remplissant, autant de capacité que de bonne volonté. La gratuité de leurs services ne fera pas craindre les brigues pour obtenir la préférence; il faudra un grand dévouement au bien public, & une grande sensibilité à la considération, qui sera le prix de la reconnoissance de ses Concitoyens, pour accepter ces places, & pour consentir d'y être conservé.

Les Etats Provinciaux remettront à la fin de chaque année aux hôtels-de-ville les rôles qu'ils auront arrêtés, & qu'ils auront rendu exécutoires. Chacune de ces municipalités percevra les sommes imposées dans son arrondissement respectif; elle en sera comptable à celle de la capitale de la province, qui réunira au travail de sa recette particulière celui de cette recette générale, qui se fera à la fin de chaque mois.

Après que toutes les taxes de la campagne, divisées aujourd'hui entre les fermiers & les propriétaires, auront été cumulées aux charges des derniers pour être le seul impôt territorial, on peut se flatter de trouver beaucoup de facilité pour sa perception. Les fermiers se prêteront volontiers à payer les sommes imposées sur leurs maîtres : on doit même être autorisé à les y contraindre par un privilège que la loi doit donner sur le paiement des baux.

Le recouvrement se fera dans chaque paroisse sous la même forme que s'y fait celui des vingtièmes ; il suffira de choisir parmi les principaux habitans celui qu'ils jugeront dignes de leur confiance. Il ne lui en coûtera que de recevoir chez lui, à la fin de chaque mois, la douzième partie de la contribution, & de remettre à l'hôtel-de-ville de son arrondissement les sommes qu'on lui aura portées.

Si ces versemens se faisoient tous le même jour, le travail de leur recette seroit excessif. Il sera aisé aux hôtels-de-ville de prévenir cet embarras, en partageant l'étendue de leur ressort en quatre parties à-peu-près égales, & en assignant un jour de chaque semaine aux Receveurs paroissiaux. Cette dispofition fera un grand ménagement pour les bureaux des Municipalités, ainfi que pour l'Officier qui les dirigera. Celui-ci ne fera affervi qu'un jour par femaine pour veiller ces principaux recouvremens, dont il fera auffi-tôt dépofer les fommes dans une caiffe à doubles clefs. Dans les autres jours, fes commis ne feront occupés qu'à exécuter les ordres qu'ils auront reçus pour les paiemens affignés fur leur recette, & à y ajouter quelques parties dont le recouvrement ne feroit pas fufceptible d'une époque fixe. Quelle économie ne trouvera-t-on point dans ce nouvel ordre de chofes ? La fociété gagnera au moins les trois quarts des frais que lui coûte aujourd'hui la recette des mêmes impofitions, quoique les nouvelles doivent produire prefque le double. La dépenfe fe réduira aux feuls frais de bureaux, & à quelques honoraires attribués aux Receveurs des paroiffes.

On doit fe hâter de profiter de cet établiffement, qu'on ne fera qu'étendre & perfectionner, puifqu'il eft déjà commencé. En attendant la feconde Affemblée des Etats-Généraux, on pourroit pendant le temps qui doit s'écouler, ajouter aux recettes ordinaires des hôtels-de-ville celles des vingtièmes des biens-fonds, & leur attribuer tout de fuite le paiement des intérêts de la dette nationale, réduit à leurs feuls habitans refpectifs. On ne doute point que ce premier essai n'ait tout le succès qu'on en espère, & qu'il ne détermine les Etats-Généraux à confirmer la première sanction qu'ils auroient donnée à cette administration municipale, & qu'ils ne lui donnent toute l'étendue dont elle est susceptible.

ART. VI.

Distribution du Revenu public.

Les Etats-Généraux ayant déterminé l'ordre des dépenses publiques, ainsi que celui du paiement des intérêts de la dette nationale, ils arrêteront l'état de la distribution des sommes perçues par chaque province. Ces états indiqueront la quotité des arrérages qu'elles sont tenues d'acquitter, le montant de leurs dépenses intérieures qu'elles paieront, conformément aux ordres qu'elles en recevront; enfin les lieux où il faudra qu'elles remettent ce qui, dans leur recette, se trouvera excéder ces premières destinations.

En suivant ces différentes dispositions, toutes les caisses seront vidées presqu'aussi-tôt qu'elles auront été remplies. Les Officiers municipaux ne courront aucun risque pour l'argent dont ils n'auront été qu'un moment les dépositaires. L'hôtel-de-ville de la capitale diminuera beaucoup sa recette générale par les délégations qu'elle donnera sur les Municipalités de son ressort; lui-même verra disparoître, aussi-tôt qu'elles auront été versées dans ses coffres, les sommes destinées pour l'Administration générale.

ART. VII.

La Comptabilité.

C'est ici le dernier devoir que l'Administration doit remplir chaque année; elle doit à la Nation une preuve authentique de la fidélité avec laquelle on a disposé du revenu public, de l'exactitude avec laquelle on a rempli ces vues, & de la confiance que méritent ceux qu'elle a rendus dépositaires de son pouvoir pour défendre ses droits. Il ne doit pas lui suffire que les comptes soient rendus devant des Tribunaux particuliers; quelle que soit leur intégrité, leur témoignage ne peut pas avoir assez de force pour fonder la sécurité de la Nation. C'est à elle-même que les comptes doivent être présentés par la voie de l'impression; elle ne doit s'en rapporter qu'à elle seule pour un intérêt aussi essentiel.

L'obligation imposée à chaque Administration de rendre compte des sommes remises à sa disposition, l'impossibilité d'en imposer par les rapports qui doivent se trouver entre la recette & la dépense; rapports qui ne peuvent être concertés à cause de l'éloignement, & des intérêts opposés de ceux qui les établiſſent : tel eſt le ſeul frein irréſiſtible qu'on peut mettre à la cupidité. Tous les comptables ne devant jamais le perdre de vue, ils doivent s'occuper à répandre le plus grand jour ſur leur manutention, en faiſant vérifier & arrêter leurs états à la fin de chaque mois.

Ce ſont les Etats Provinciaux qui doivent être les inſpecteurs des hôtels-de-ville. Chacun d'eux leur préſentera le bordereau particulier de la recette des paroiſſes compriſes dans ſon arrondiſſement, & celui des remiſes qu'il aura faites. La balance exacte qui doit ſe trouver entre ces deux objets relatifs, fondera le titre de la décharge qui leur ſera donnée, après l'examen des pièces juſtificatives de leur geſtion.

Ces bordereaux particuliers feront le contrôle exact du compte de la recette générale pour le même mois, qui ſera rendu immédiatement après par l'hôtel-de-ville de la capitale de province. La recette ne doit être que la réunion & le réſumé des comptes particuliers : on ne doit trouver de différence que dans les paiemens & dans les remiſes.

Tant que la dette nationale ne ſera point acquittée, l'état diſtinct du paiement de ſes intérêts exigera chaque mois beaucoup de travail & d'application : mais le zèle patriotique ne doit pas ſe rebuter des difficultés qui réſultent d'un devoir que l'honneur a forcé de remplir.

Il reſtera en dépôt, au Greffe de chaque Etat provincial, un double de ces bordereaux. On en fera imprimer pluſieurs exemplaires, que l'on enverra aux Députés réſidans auprès du Roi; ceux-ci les lui préſenteront, & ils s'en remettront réciproquement un certain nombre.

La Nation ne pourra connoître par ces Etats que la partie du revenu public provenant des contributions payées directement; elle doit être inſtruite avec la même préciſion du produit & de l'emploi des taxes dont on aura prolongé la perception.

Les différens départemens de l'Adminiſtration, auxquels les différentes branches de revenu auront été attribuées, doivent en rendre un compte exact. Les Conſeils qui les dirigent, de concert avec les Miniſtres, doivent arrêter leurs états reſpectifs au moins tous les trois mois. Ces comptes doivent être rédigés ſous la forme la plus claire & la plus préciſe. Chaque chapitre de dépenſes doit être balancé avec les ſommes qui leur auront été affectées : il ne doit y avoir aucun article qui n'ait pour appui ſon titre juſtificatif.

C'eſt au Corps des Députés des Etats Provinciaux que ces comptes doivent être remis; chacun d'eux en enverra une copie aux Etats de leur Province reſpective, en y joignant des notes de leurs opinions : mais il n'y a que ces Etats qui pourront porter un jugement définitif pour la réception de ces comptes. Ceux-ci fonderont leur avis sur les motifs qu'ils exposeront, & les comptes ne pourront être arrêtés que par la pluralité de ces avis, dont chaque Province aura soin de s'instruire réciproquement.

Ces comptes ne seront remis au Roi qu'après avoir été ainsi discutés : on lui exposera avec la même sincérité les dissipations ou l'intégrité de ces Administrations. Ils seront aussi-tôt imprimés pour être répandus dans le Public, qui recevra cette dernière preuve de l'activité & de la probité de tous les Administrateurs, tant pour la recette que pour la dépense du revenu public.

FIN.

NOTE

Des Ouvrages qui regardent la discussion présente des droits du Tiers, contre les prérogatives & prétentions de la Noblesse, du Clergé & de la Robe, qui se trouvent chez les mêmes Libraires.

Avis aux Parisiens. 12 sols.

Avis au Tiers-État. 1 liv. 4 s.

Cahier du Tiers-État de la Sénéchaussée de Marsan, en Gascogne. 6 s.

Clergé soumis à la Corvée par les Loix du Royaume. 12 s.

Conversation entre deux Évêques. 1 liv. 4 s.

Curés (les) du Dauphiné à leurs Confrères, les Recteurs de Bretagne. 18 s.

Discours dans lequel on examine les deux questions suivantes : 1°. Un Monarque a-t-il le droit de changer une constitution évidemment vicieuse ? 2°. Est-il prudent à lui, et est-il de son intérêt de l'entreprendre ? Suivi de Réflexions pratiques. Par le Comte de Windis-Grætz. 1 l. 16 s.

Doléances du Clergé du second Ordre. 12 s.

Fanal du Tiers-État. 1 liv. 4 s.

Jugement du Champ de Mars, rendu le Peuple assemblé, les Laboureurs y séant, du 26 Décembre 1788. 1 liv. 4 s.

Idées sur le Mandat des Députés aux États-Généraux, par M. Servan. 12 s.

Lettres contre les Immunités ecclésiastiques, en Réponse aux Remontrances du Clergé de 1750 & 1788. 3 liv.

Lettre de l'Archevêque d'Aix à l'Archevêque de Narbonne. 12 s.

Lettre en réponse au Mémoire des Princes. 1 liv. 4 s.

Lettre d'un Curé du Lyonnois à Monseigneur l'Archevêque

de Lyon, au sujet de son Mandement sur le beurre, le lait, le fromage et les œufs. 18 f.

Le tout est-il plus grand que la partie ? 1 liv. 4 f.

Manière dont les Parisiens doivent s'assembler et faire connoître leur vœu. 12 f.

Observations sur le préjugé de la Noblesse héréditaire. 1 l. 4 f.

Projet d'instructions et pouvoirs généraux et spéciaux à donner par les Communes à leurs Députés. 1 liv. 4 f.

Plan de conduite donné à l'Archevêque de Sens, principal Ministre, au mois de Juin 1788, dont l'original en chiffres a été trouvé chez lui. 12 f.

Première (la) & Seconde aux Grands. 1 liv. 16 f.

Principes positifs de Fénélon et de M. Necker sur l'Administration. 1 liv. 4 f.

Plaintes, doléances, remontrances et vœu de N. Bourgeois de Paris. 1 liv. 4 f.

Réflexions sur les principes et les résultats des nouvelles Ordonnances militaires. 12 f.

Trio (le) : Dom Quichotte, Chicaneau, Tartuffe, au Tartare. 12 f.

Ultimatum d'un Citoyen du Tiers-État, au Mémoire des Princes présenté au Roi. 1 liv. 4 f.

De l'Administration Provinciale, et de la réforme de l'impôt, par M. le Trône, 1788, in-8°. 2 vol. br. 12 liv.

Constitution de l'Angleterre par *Delolme*, Paris, 1788, édition plus correcte que la précédente faite en pays étranger, 2 vol. in-8°. 6 liv. rel. en un, et br. 5 liv.

Considérations sur l'Ordre de Cincinnatus, par le Comte de Mirabeau, Londres, 1788, in-8°. br. 4 liv.

Recherches sur la Nature et les causes de la richesse des Nations, traduites de l'Anglois de M. Smith, 1788, in-8°., 2 vol. br. 10 liv.

www.ingramcontent.com/pod-product-compliance
Lightning Source LLC
LaVergne TN
LVHW020335230826
846091LV00003B/886

* 9 7 8 2 0 1 3 5 6 1 3 5 8 *